A RIQUEZA DA
VIDA SIMPLES

GUSTAVO CERBASI

A RIQUEZA DA VIDA SIMPLES

SEXTANTE

Copyright © 2019 por Gustavo Cerbasi

Todos os direitos reservados. Nenhuma parte deste livro pode ser utilizada ou reproduzida sob quaisquer meios existentes sem autorização por escrito dos editores.

ORIENTAÇÕES AO LEITOR: As sugestões feitas neste livro são baseadas em regras de aplicação geral e não podem acarretar qualquer tipo de responsabilidade do autor ou dos editores. O propósito das orientações é auxiliá-lo em suas reflexões e motivá-lo a agir ativamente em busca de transformações positivas para sua vida. Conte sempre com um especialista certificado antes de realizar investimentos, adotar estratégias complexas e de risco, contratar seguros ou planos de previdência e adquirir bens de alto valor. O especialista é a pessoa qualificada para ajustar as reflexões aqui tratadas às particularidades de cada indivíduo.

edição: Virginie Leite
revisão: Luis Américo Costa e Tereza da Rocha
projeto gráfico e diagramação: Ana Paula Daudt Brandão
capa: DuatDesign
imagem de capa: © American Images Inc/ The Image Bank/ Getty Images
música "Vida boa" (p. 76): 2007 por Momentos Editora Ltda. – EPP
impressão e acabamento: Bartira Gráfica e Editora Ltda.

CIP-BRASIL. CATALOGAÇÃO NA PUBLICAÇÃO
SINDICATO NACIONAL DOS EDITORES DE LIVROS, RJ

C391r

Cerbasi, Gustavo
  A riqueza da vida simples/ Gustavo Cerbasi. Rio de Janeiro: Sextante, 2019.
  176 p.; 16 x 23 cm.
  ISBN 978-85-431-0745-5
  1. Finanças pessoais. 2. Estilo de vida. 3. Pensamento novo. 4. Riqueza. 5. Sucesso. I. Título.

19-56239
CDD: 332.024
CDU: 330.567.2

Todos os direitos reservados, no Brasil, por
GMT Editores Ltda.
Rua Voluntários da Pátria, 45 – Gr. 1.404 – Botafogo
22270-000 – Rio de Janeiro – RJ
Tel.: (21) 2538-4100 – Fax: (21) 2286-9244
E-mail: atendimento@sextante.com.br
www.sextante.com.br

Sumário

Introdução ... 7
1. O que é preciso para prosperar? ... 11
2. Quando o método tradicional não funciona ... 27
3. Planos novos para quando os velhos fracassarem ... 41
4. Você tem opções ... 51
5. A riqueza da vida simples ... 67
6. Autoconhecimento gera autenticidade ... 87
7. No mínimo, a essência ... 97
8. Protótipo da vida futura ... 115
9. A casa inteligente ... 129
10. Blindando a aposentadoria ... 149
11. Riqueza essencial ... 163
Agradecimentos ... 172

Ser rico é ter
fartura daquilo
que é importante
para você.

📷 gustavocerbasi

Introdução

Confesso que relutei em começar a escrever este livro. Após ter publicado 15 títulos,[1] considerava minha obra completa em termos de orientações que poderia passar a meus leitores sobre como planejar suas finanças – ou sobre como se organizar para garantir que grandes planos sejam realizados.

Desde o lançamento de *Adeus, aposentadoria*, em 2015, dediquei-me a trabalhar predominantemente os aspectos emocionais do planejamento (ou da falta dele) para construir uma prosperidade palpável e viável para todos. Com essa obra, virei do avesso as premissas de um planejamento tradicional (sacrificar, economizar, acumular e desfrutar) para atender também às pessoas que não se enquadravam nesse modelo. Não consegue economizar? Mude sua vida! Não conseguirá se aposentar aos 65? Aposente-se mais tarde! Não aguentará trabalhar tanto? Planeje-se para uma carreira mais prazerosa! Acha que estará velho ao se aposentar? Cuide mais de sua saúde e de sua mente!

Adeus, aposentadoria trouxe alento e alívio a quem se sentia sufocado pelas orientações para poupar. Porém, eu baseava minhas re-

---

[1] Você encontra a relação completa de meus livros em www.gustavocerbasi.com.br/livros.

comendações em algumas iniciativas bastante contundentes. Por que você não se muda para uma casa menor? Por que não escolhe um automóvel mais barato? Por que não adota um estilo de vida mais simples?

Nesse ponto, eu esbarrava em dois sentimentos de resistência por parte de meus leitores. Primeiro, há quem não tenha o que cortar. Seria ótimo reduzir o padrão de moradia, desde que a pessoa tivesse uma casa ou não pagasse aluguel no bairro mais barato da cidade. Seria bom ter um automóvel mais barato, desde que a pessoa não andasse de ônibus. Como simplificar um estilo de vida que já está no osso?

Outro sentimento que identifiquei entre meus leitores e seguidores nas redes sociais foi o de resistir a simplificar o padrão de vida, mesmo quando possível. É fácil entender: nós nos esforçamos para evoluir, sentimos dificuldade em reconhecer nossos erros e fracassos e temos uma forte resistência emocional a nos desfazer de más escolhas – principalmente as complexas, como imóvel, trabalho e automóvel – para enquadrar nosso orçamento no que seria um nível equilibrado.

Voltar atrás não é uma tarefa simples, mesmo que seja um processo de tomar impulso para avançar, pois, nesse caso, deve-se considerar a incerteza em relação ao desenrolar dos acontecimentos. Melhor ficar como estamos, ainda que não seja uma situação favorável, ou arriscar algo melhor? O medo é um reflexo – saudável, diga-se de passagem – da falta de conhecimento dos riscos e possibilidades.

Minha proposta, ao escrever este livro, é apresentar caminhos objetivos para acabar com essas objeções. Nas próximas páginas, provo que a independência financeira é viável mesmo que sua renda seja baixa. Que viver bem é possível mesmo que você more em uma comunidade desassistida pelo Estado. Que você pode aumentar seu conforto e sua qualidade de vida mesmo quando abre mão de sofisticação e status, ou que pode manter seu status mesmo quando abre mão de grande parte de seus gastos.

Minha intenção é provar que enriquecer é uma questão de escolha, independentemente de quão limitadas sejam suas opções. Vou mostrar um caminho que a maioria das pessoas acredita que não existe.

Em diversos trechos do livro, refiro-me a *meus alunos*. Em títulos anteriores, eu falava dos meus leitores, do público das palestras e de clientes de consultoria. Mas, atualmente, meu trabalho se concentra nas redes sociais e no meu curso on-line Inteligência Financeira. Uso as redes sociais principalmente para transmitir conhecimento e referências de uma riqueza que considero saudável e sustentável, por isso trato meus seguidores como alunos.

Acrescento um ponto importante: muitos de meus seguidores, ou alunos, fazem a ressalva de que, para uma pessoa enriquecer, outra tem que empobrecer. Ou, então, que a lógica capitalista que nos permite prosperar é insustentável, gerando pobreza em grande parte do mundo, excesso de lixo e um desequilíbrio que não será possível manter a longo prazo. Meu objetivo é provar que essa visão está errada.

A riqueza da vida simples trata de soluções para prosperar sem destruir, para construir um futuro rico sem abrir mão da qualidade de vida presente, para saber identificar e praticar a riqueza que, consciente ou inconscientemente, todos queremos ter, mas não sabemos onde encontrar.

Escrevi, propositalmente, um texto leve para que mergulhar nele seja uma decisão simples de colocar em prática. Espero, sinceramente, que este livro lhe proporcione horas inspiradoras e agradáveis – e, sem falsa modéstia, que sua vida seja outra, muito melhor e próspera, após a leitura.

Pare e pense: você trabalha para viver ou apenas vive para trabalhar?

◉ gustavocerbasi

1
O que é preciso para prosperar?

Ilusões

Menos de 2% dos bilhões de habitantes da Terra têm condições de viver até o fim de suas vidas sem preocupações financeiras. Não são, necessariamente, pessoas ricas em termos literais, ou seja, com grandes fortunas acumuladas, mas sim que não dependerão do auxílio de terceiros para custear suas necessidades no futuro. São pessoas que reúnem, em algum grau, o que chamo de independência financeira – algumas com muito dinheiro, muitas com poucas necessidades.

Um número tão pequeno de seres humanos bem-sucedidos pode sugerir que prosperar é para poucos. Essa crença limitante leva muita gente a buscar conforto em estratégias comprovadamente malsucedidas, baseadas em atalhos ou apostas com poucas chances de sucesso. Algumas delas são:
- A ilusão do emprego público;
- A esperança das loterias;
- A busca de um padrinho ou mentor que abra portas;
- O voto em políticos populistas;
- A dedicação incondicional a um emprego que não será eterno;

- A bajulação de parentes ricos;
- Investimentos milagrosos;
- Negócios que prometem ganhos fáceis ou rápidos;
- Mimar filhos para que eles paguem suas contas no futuro.

Talvez você não concorde com o rótulo de malsucedidas que dei a algumas das estratégias acima. Mas, depois de estudar cada uma delas em detalhes com os alunos de meu curso Inteligência Financeira, a conclusão a que chegamos foi de que atalhos podem, sim, dar certo, porém a estatística de sucesso resulta em números irrelevantes.

O emprego público oferece estabilidade, mas não é suficiente para toda a vida, já que o suposto ganho fixo cai após a aposentadoria, enquanto os custos para viver aumentam. Ganhar na loteria é tão improvável que ela pode ser entendida como um imposto (a arrecadação é voluntária, mas com destinação pública) cobrado somente daqueles que são muito ruins em estatística. Loterias sem conhecimento levam a perdas e depressão – isso está muito bem ilustrado no filme *Até que a sorte nos separe*, baseado em meu best-seller *Casais inteligentes enriquecem juntos*.

Confiar que alguém vai indicá-lo para um emprego, um cargo comissionado ou um time de futebol chega a ser uma atitude ingênua. Mesmo que você conheça alguém que possa lhe abrir portas, as indicações não vão se sustentar por muito tempo sem competência. Ou seja, no fundo, seu sucesso só depende de você.

Eu poderia detalhar cada situação listada anteriormente. Porém, minha intenção é mostrar que não é preciso contar com a sorte. Independentemente de quanto você tem ou ganha, se fizer escolhas conscientes, pautadas em uma vida de qualidade – mas não de luxo – no presente, seu futuro pode ser muito mais tranquilo e sem privações. Sua vida pode ser muito mais rica do que foi até hoje, desde que você refine sua percepção do que realmente quer e fortaleça sua habilidade de decidir.

O método é bem conhecido

Em meus livros anteriores, destilei a regra essencial para prosperar: *gaste menos do que você ganha e invista bem a diferença*. Poucas pessoas ignoram esse princípio. Porém, a maioria tem, supostamente, fortes argumentos para não colocá-lo em prática.

Um desses argumentos é não saber investir, o que, na verdade, é uma mera desculpa de quem ainda não tentou investir. Investir é comprar algo e depois revender (às vezes, *resgatar*) a um preço maior do que foi pago na compra. É investidor quem compra e vende ações, opções, fundos, títulos financeiros e bens em leilões. Mas não deixa de ser investidor quem fuça em mercados on-line e classificados, compra algo que sabidamente está barato e depois revende com lucro, tendo feito ou não algumas melhorias.

Sacoleiros, feirantes, comerciantes, "roleiros"[2] e agricultores, por exemplo, também podem ser considerados investidores, pois assumem riscos ao investir em algo que não sabem, ao certo, quando ou por quanto irão vender.

Em *Investimentos inteligentes*, mostro que um investidor com um patrimônio de R$ 2 milhões no mercado financeiro pode garantir, sem riscos significativos e para o resto de sua vida, uma renda de R$ 10 mil mensais. No mesmo livro, explico como e com qual estratégia acumular esse valor, e quais cuidados tomar para que a renda obtida seja perpétua.

Chegar a R$ 2 milhões é um sonho muito distante para você? Em *Adeus, aposentadoria* explico detalhadamente que a mesma renda de R$ 10 mil pode ser obtida se você tiver uma reserva financeira de algumas dezenas de milhares de reais (resultado da venda de um carro ou de um imóvel, por exemplo) e somar a essa reserva seu suor e um bom plano para montar um pequeno negócio próprio bem-sucedido.

---

[2] Roleiro é aquele que, na linguagem popular, "faz rolo", ou seja, ganha intermediando negociações de itens de qualquer valor.

Meu objetivo, neste livro, não é detalhar estratégias de investimento. Se quiser aprender mais sobre elas, recomendo a leitura das duas obras que citei. Fato é que, em um país como o Brasil, continental, com um mercado financeiro bem estruturado e acessível a todos, potencialmente rico e em desenvolvimento, investir não é um problema, e não saber investir é apenas sinal de que falta a você desenvolver uma habilidade, ou adquirir um conjunto de conhecimentos.

Dê um pouco de dinheiro a uma pessoa com vontade de aprender e com os pés no chão e ela poderá aproveitar as incontáveis oportunidades de investir que batem a sua porta todos os dias. O problema é que, para a maioria das pessoas, o que falta é justamente essa sobra de dinheiro para poder fazer boas escolhas.

Ricos sem dinheiro

Não me refiro aos miseráveis apenas. Mesmo uma família com renda bem acima da média da população sofre com as incertezas em relação ao futuro. O majestoso padrão de vida conquistado com uma posição diferenciada na carreira, com renda na casa das dezenas de milhares de reais mensais, pode despertar atenção e inveja alheia, mas normalmente sufoca a família com preocupações e incertezas.

A boa escola, o bom plano de saúde, o bom carro comprado por influência das escolhas dos colegas, a boa moradia no condomínio sugerido pelo chefe, a roupa de grife e da moda, para não sofrer olhares de reprovação, trazem também uma cadeia de custos, impostos e manutenção – raramente planejados com antecedência – que impossibilita poupar no ritmo recomendado.

Uma vez conquistado o status, como voltar atrás? O que descartar de um padrão de vida em que um gasto puxa outro? Pode parecer fácil para quem não desfruta de tais benesses, mas aqui não se trata de escolher o que cortar, mas sim de reconhecer erros e voltar atrás – esse, sim, um desafio para qualquer ser humano. É difícil, ou não é natural, admitir que erramos.

Situação pior que essa é quando o status é conquistado não por uma decisão da família, mas por benefícios concedidos pelo empregador. Em uma situação em que plano de saúde, escola, automóvel e moradia são total ou parcialmente mantidos pela empresa para a qual um dos provedores trabalha, a possibilidade de desemprego é como uma assombração que ronda a casa de tempos em tempos. Pior: há a certeza de que algum dia esse fantasma irá realmente atacar e jogar a família em uma realidade de escolhas limitadas e, provavelmente, de angústia e depressão.

Pobres com pouca margem de escolha

A situação de quem ganha abaixo do ideal[3] não é muito diferente. O dinheiro mal dá para fechar a conta de alimentação, remédios, moradia precária e transporte. Lazer só quando é gratuito. Energia e TV por assinatura nem sempre são pagas (o conhecido "gato"). Pequenos itens de conforto, só de segunda mão ou doados. Roupa da moda, nem pensar. No máximo, uma peça comprada em brechó ou no chamado comércio paralelo (ou pirata).

Nessa situação limítrofe, sugerir poupar para o futuro é como rir da desgraça alheia. Como pensar no futuro, se nem o presente é digno de orgulho? Se apertar, sobra, mas mal dá para um cineminha com os filhos.

Daria para mudar a situação desde que a pessoa entendesse que a baixa renda é resultado da baixa capacidade de transformar e de resolver problemas. Para transformar essa realidade, seria preciso se qualificar, *investir* em cursos que capacitassem a pessoa a fazer trabalhos diferenciados e de maior valor agregado.

O fato é que, de novo, a questão não é de cortar gastos ou não,

---

[3] Segundo o DIEESE (Departamento Intersindical de Estatística e Estudos Socieconômicos), em fevereiro de 2019, o salário ideal para sustentar uma família de um casal e dois filhos era cerca de quatro vezes o salário mínimo vigente. Fonte: www.dieese.org.br.

mas sim de reconhecer erros e voltar atrás. Escolhas ruins, como não ter se aplicado nos estudos na juventude ou não ter dedicado horas livres a cursos técnicos, trouxeram a pessoa à situação atual, e novas escolhas exigem tempo (que muitas vezes é consumido em horas de transporte para o trabalho, em afazeres domésticos e cuidados com os filhos) e dinheiro. Existem cursos profissionalizantes gratuitos, mas, obviamente, os cursos diferenciados têm um custo.

É por isso que, diante de algum dinheiro poupado em razão daquele bico ou de horas extras, é má escolha comprar algo que está fazendo falta à família, mas que não precisa ser adquirido imediatamente. No lugar de gastar esse dinheiro, seria melhor usá-lo para, no raro tempo livre (que nem sempre deve ser usado para o descanso), investir no seu desenvolvimento profissional. Talvez um curso que capacite a exercer uma atividade mais qualificada e obter uma renda maior, talvez uma ferramenta de trabalho que permita produzir e faturar mais. Ganhando mais, não será tão raro ter tempo livre e algum dinheiro sobrando – e, com isso, a margem de escolha aumenta. Essa é a lógica que aprofundo no livro *Mais tempo, mais dinheiro*, que escrevi em parceria com Christian Barbosa.

A classe média sofre mais

Entre os extremos dos endinheirados com escolhas engessadas e dos mal remunerados que acreditam não ter escolha, temos a chamada classe média. Sem dúvida, a camada da população que mais sofre com problemas financeiros. Não é difícil entender o porquê.

Enquanto os endinheirados sofrem com conforto (para se arrepender nas décadas finais da vida) e os mal remunerados não ambicionam muito além de sua rotina de trabalho e seu consumo básico, a classe média sonha muito – e sonha alto. Afinal, essa é a maior parcela da população, e aquela a que são direcionados todos os programas de crédito e a maior parte das campanhas publicitárias.

A classe média batalha para ter a casa própria. Consegue com a "ajuda" do crédito, paga com sofreguidão suas prestações (que, na maior parte, correspondem ao aluguel do dinheiro do banco) e tem dificuldade para arcar com a decoração, os impostos, os custos e a manutenção dessa casa. Como costuma fazer uma única aquisição desse porte na vida e se arrepender da experiência, acaba não aproveitando o que aprendeu para tomar decisões melhores no futuro. A resistência a assumir o erro dificulta que a lição seja passada aos filhos. Na busca de uma vida de qualidade, passa-se, na verdade, por uma insatisfatória vida de impostos, custos e limitações.

O padrão de vida que *escolhemos*

Independentemente de quanto recebemos pelo nosso trabalho ou de nossos investimentos, o que determina nossa saúde financeira são nossos gastos. Em outras palavras, não é a nossa renda, mas sim o nosso consumo que determina se teremos ou não dificuldades financeiras, se somos ricos ou não.

A renda é, sem dúvida, um limitador de nossas escolhas. Mas ainda temos liberdade de escolha enquanto não decidimos onde e como morar, como nos deslocar para o trabalho, como nos educar, como nos alimentar.

Ao longo deste livro, chamarei de *padrão de vida* o resultado das escolhas feitas depois de se ponderar se é possível ou não arcar com determinadas despesas fixas – ou seja, estou falando do conjunto de gastos que engloba moradia (incluindo-se aí aluguel ou prestação da casa própria, condomínio, IPTU, contas de luz, gás, água e telefone), estilo de alimentação, saúde e educação, meios de transporte, forma de lazer e nível de segurança de uma família. As escolhas resultarão em mais ou menos sofisticação, mais ou menos conforto ou conveniência e, consequentemente, mais ou menos gastos.

Em geral, quanto menos se conhece o padrão de vida que se está procurando assumir – caso de quem, por exemplo, está ascendendo na pirâmide social –, maior é a probabilidade de se subestimar as consequências de uma determinada escolha. Por exemplo, a compra de um automóvel mais sofisticado pode resultar em gastos inesperados com manutenção e estacionamento. Ou o esforço para matricular os filhos em uma escola mais cara pode resultar em desembolsos maiores com material escolar, passeios e festas com os novos amigos do colégio.

Podemos considerar, então, que as dificuldades financeiras começam quando acreditamos que podemos adotar um padrão de vida mais elevado (ou mais caro) do que nossa renda realmente permite. Ou que a renda até comporta no momento da decisão, mas que não comportará ao longo do tempo – o que pode ser chamado de padrão de vida insustentável.

Solução tradicional

As dificuldades que descrevi são exemplos do que seriam os comportamentos financeiros médios de diferentes classes sociais. Assim como há um padrão nos comportamentos, há também na orientação a essas pessoas e na busca de solução desses desequilíbrios. Porém, nem sempre as recomendações conduzem a resultados satisfatórios.

Em geral, consultores e educadores financeiros propõem que o fortalecimento financeiro seja alcançado com base em dois pilares: *economizar* e *investir*. Em outras palavras, cortar gastos e selecionar alguma forma segura, eficiente e compreensível de multiplicar as reservas.

A dificuldade de economizar

Até aqui, já temos dificuldades suficientes para inviabilizar a prática dessas orientações. *Economizar* é uma escolha, mas levemos em consideração que muitas pessoas ou famílias começam seu plano de enriquecimento já sufocadas por más escolhas passadas, a maior parte delas na tentativa de compor um padrão de vida idealizado. Economizar significa reconhecer erros e se desfazer de um conforto já conquistado – ao menos, teoricamente conquistado.

O que determina nossa saúde financeira são nossos gastos. Em outras palavras, não é a nossa renda, mas sim o nosso consumo que determina se teremos ou não dificuldades financeiras, se somos ricos ou não.

gustavocerbasi

Dada a dificuldade de reconhecer que o erro pode estar no exagero cometido ao definir o padrão de vida, em geral a economia é feita em itens que podem ser descartados facilmente: passeios, cuidados pessoais, lazer avulso, cursos rápidos, presentes, gastos com pequenos rituais diários. Para ajudar, aquele seu blog favorito traz dezenas de dicas de economia típicas de um obcecado pelo assunto. Faça contas para tudo, pesquise tudo, passe a madrugada acumulando milhas, economize na farinha do bolo, deixe de chamar amigos a sua casa, faça exercícios por conta própria, sem orientação de um especialista. A ideia é enriquecer, mesmo que sem amigos e com o joelho lesionado.

O tempo se encarrega de mostrar que seguir esse caminho é uma prática insustentável. Talvez, empolgados com uma boa leitura, uma boa palestra ou um bom vídeo, até consigamos praticar, por um tempo, a rotina de colocar tudo na ponta do lápis. Porém, em algum momento percebemos que a agenda consumida por pesquisa e controle também tem seu preço. Tanto esforço para tanta economia nos desgasta, nos afasta das pessoas que amamos e de nossas responsabilidades, nos torna mais insensíveis e, pior, quando nos damos conta, o tempo que era empregado em atividades e rotinas prazerosas passa a ser tomado por controles e pesquisas.

Há uma forte probabilidade de controles desse tipo serem abandonados quando nos dermos conta de que milhares de pequenas economias são, na verdade, milhares de ataques a alegrias diárias que compõem uma parte importante daquilo que podemos chamar de *felicidade*.

No fundo, acabamos por abandonar hábitos excessivamente racionais porque, sem nos darmos conta, nosso cérebro entende que é melhor estar endividado e feliz do que endinheirado e entediado.

Não estou julgando o esforço de economizar. Ele é necessário. O que estou julgando é o método de poupança mais comumente propagado, que é extremamente ineficaz e insustentável. Nada que corrói sua felicidade será suportado por muito tempo.

Mas digamos que a pessoa conseguiu economizar. Pela solução tradicional apresentada pela maioria dos educadores e consultores financeiros, o próximo passo seria investir.

Investir é para todos?

Resgato aqui a definição de investir: selecionar alguma forma segura, eficiente e compreensível de multiplicar as reservas. Coloquemos, agora, essa simples definição entre as obrigações do cidadão comum. Se você quer investir, precisa estudar ou pesquisar para entender como *multiplicar* suas reservas. Além disso, tem que fazer isso por meio de produtos ou estratégias que sejam compreensíveis, pois, de tempos em tempos, você receberá informações nas quais irá se basear para fazer – ou não, se oportuno – ajustes em sua estratégia. Suas escolhas de investimento precisam ser *eficientes*, sem roubar desnecessariamente seu tempo nem impor riscos que possam destruir a estratégia no futuro.

Não se esqueça de avaliar se seus investimentos são *seguros*, isto é, registrados e fiscalizados por um órgão regulador ou, ao menos, devidamente documentados. Por fim, para investir, você precisará *selecionar*, ou seja, discernir entre as incontáveis possibilidades existentes, no mercado financeiro ou fora dele, de multiplicar suas reservas.

Não se desespere. Há método para aprender a investir, e todo investidor profissional já foi, um dia, absolutamente leigo nessa área. No livro *Investimentos inteligentes*, eu ensino todo o processo: como montar um plano, selecionar um mercado, estudar esse mercado e gradualmente se envolver na estratégia.

Entretanto, se para investir é preciso estudar e praticar, e a educação financeira é assunto relativamente recente na realidade brasileira, inúmeras pessoas podem estar sendo orientadas a praticar algo que pouco conhecem ou desconhecem totalmente. É provável que estejam caindo mais em armadilhas comerciais do que se educando.

Talvez você já tenha passado pela experiência de seguir a recomendação do seu blog favorito para investir na corretora X ou investir no produto Y e, dias depois, estar amargando perdas ou ter dificuldade para sacar seu dinheiro. Pior ainda é o caso daqueles que, buscando atalhos para enriquecer sem esforço, caem na lábia de alguém famoso ou de um vídeo bonito e acabam investindo em uma pirâmide financeira ou outro tipo de golpe.

Não faltam armadilhas, mas a quase totalidade delas tem como alvo dois tipos de pessoa: os ignorantes e os gananciosos.

Investir é, sim, para todos, mas existe um processo para você se tornar um investidor bem-sucedido. É preciso, antes de tudo, ter interesse, se dedicar, estudar, se envolver, montar uma estratégia e segui-la com parcimônia e paciência. Atalhos existem, mas normalmente só são identificados quando se está seguindo uma estratégia sólida.

Pode ser que você constate que não tem interesse em entender de investimentos. Isso pode acontecer porque você não tem tempo para aprender, porque não gosta do assunto ou porque, preconceituosamente, crê que não quer lucrar em cima do desconhecimento alheio, entre outras possibilidades. Estará, por isso, condenado à falta de liberdade financeira? Felizmente, não.

Consciência das limitações

O primeiro passo para fazer boas escolhas é entender quais são suas limitações. Digamos que você:
- Tentou, mas não consegue entender de investimentos;
- Não tem (ou não quer ter) tempo para aprender sobre investimentos;
- Acredita que está começando tarde seus planos;
- Acredita que poupará menos do que o ideal;
- Fez as contas e concluiu que sua aposentadoria será frustrante e limitada.

Nenhuma dessas situações inviabiliza a conquista de sua independência financeira. Em *Adeus, aposentadoria* propus uma forma de planejamento que considera que precisaremos ser produtivos por mais tempo do que o convencionado pela sociedade. Na prática, desenvolvi a teoria a partir de minhas consultorias e das ideias que deram origem ao meu curso on-line Inteligência Financeira.[4] Não é difícil entender sua lógica e por que ela é tão bem-sucedida.

Pense comigo. Se suas contas não fecham para se aposentar aos 65 anos, por que não se aposentar aos 75? Você acha que é tarde? Será tarde mesmo ou será que o problema é você não estar planejando sua carreira para que se torne mais leve, gratificante e apaixonante com o passar do tempo? Se você acha que não terá saúde para trabalhar até os 75 anos, ou até os 85, ou mesmo 95, é porque está trabalhando demais (provavelmente para manter um padrão de vida insustentável), sem tempo para planejar sua carreira de forma adequada e para cuidar de si mesmo. Desse jeito, a carreira e a saúde se esgotam mesmo.

A lógica de *Adeus, aposentadoria* foi construída com base na ideia de que nem todos querem ou conseguem poupar no ritmo adequado e que é possível garantir a independência financeira fundada em sete pilares:

1. Não há futuro rico se seu presente for pobre (consuma qualidade de vida);
2. Não tenha pressa de se aposentar;
3. Cuide de sua saúde e de seu bem-estar para se manter produtivo por mais tempo;
4. Planeje sua carreira para que ela se desenvolva de forma a se tornar cada vez mais prazerosa;
5. Não poupe muito, mas invista bem (menor quantidade e maior qualidade);

---

[4] Veja em http://www.gustavocerbasi.com.br/curso-inteligencia-financeira/.

6. Adote um novo padrão de educação, com três níveis de evolução: para o trabalho, para empreender e para investir;
7. Prepare-se para empreender após deixar de ser empregado.

Essa flexibilidade no planejamento financeiro foi criada não apenas para dar um alento a quem não se enquadra no modelo tradicional de economizar e investir, mas também para mostrar um caminho alternativo poderoso e viável.

Testado em dezenas de milhares de alunos do meu curso Inteligência Financeira, o método comprovou sua força ao contrapor o tradicional esforço de economizar e poupar com vistas a um futuro hipoteticamente seguro a uma forma de planejar que reúne qualidades como:

- Não se privar e valorizar o momento presente vivido com qualidade;
- Construir o futuro sem estabelecer uma data estressante para deixar de trabalhar (não é a vontade de todos) e começar a desfrutar a vida (sem reunir condições suficientes para isso);
- Educar-se continuamente;
- Valorizar cuidados com a saúde e o bem-estar;
- Fomentar práticas empreendedoras, que trazem um sentimento de liberdade e autonomia.

Tais qualidades aumentam a probabilidade de o planejamento ser bem-sucedido, pois geram uma sensação motivadora de construção e aproveitamento, bem diferente do sentimento de privação presente e preocupação com o futuro do método tradicional.

Essa leveza característica do novo modelo de planejamento que proponho é determinante para que as pessoas estejam mais abertas às orientações. Isso diminui o sentimento de cobrança (típico da educação financeira tradicional) e cria as condições necessárias para que a pessoa consiga reavaliar suas escolhas.

É esse processo, mais comportamental e motivacional do que lógico-racional, que estimula aqueles que erraram ao fazer escolhas passadas a reconhecer seus desacertos e aceitar dar um passo atrás. Não se trata, porém, de aceitar uma condição inferior, mas sim de usar esse passo atrás para ganhar impulso e dar um grande salto à frente, como veremos a seguir.

O inevitável

Estamos discutindo planejamento financeiro. Meu papel é mostrar caminhos para que a falta de dinheiro não seja um problema para você.

A premissa inicial é que você precisa equilibrar sua vida presente e encontrar alguma forma de prover suas necessidades no futuro. Para resolver isso, há dois caminhos:
- Acumular recursos que permitam gerar a renda de que você precisa;
- Diminuir a necessidade de renda futura.

De uma maneira ou de outra, você precisará investir, pois, para diminuir sua necessidade, será preciso criar alguma forma de autossuficiência. Pode ser uma terra para plantar, o negócio oportuno ou aquela ação barata que se valorizará e pagará bons dividendos. Explicarei, adiante, que é possível se concentrar também na redução dos custos, investindo em formas de gerar a própria energia, obter sua água, preparar seu alimento, ter moradia sem os gastos elevados da cidade.

Se a sociedade ruma para um futuro muito diferente do atual, que não conseguimos prever exatamente como será, uma forma de se blindar contra fracassos é investir em conhecimento.

A base da tranquilidade futura é o investimento presente.

Investir é uma questão de escolha. Para investir, muito ou pouco, trabalhando ou empreendendo, é preciso fazer sobrar. Para sobrar, você tem que decidir apenas não gastar tudo que ganha de seu trabalho ou de suas negociações, ou então desenvolver a habilidade de ganhar mais do que precisa para viver.

Até aqui, desenvolvi o raciocínio para motivar meus leitores a duas ações bastante simples:

PARE E PENSE.

O que você tem feito com o resultado de seu aprendizado, de seu trabalho, de seu suor, da energia diária que recarrega a cada noite de sono? Você está evoluindo na vida? Ou apenas seus gastos evoluem?

A vida moderna, sufocada pela falta de tempo e pelo excesso de tarefas e obrigações, vem nos privando da capacidade que nos distingue dos animais: a habilidade de pensar além do presente, de raciocinar e de antecipar as consequências futuras de nossas decisões.

Pare e pense: você trabalha para viver ou apenas vive para trabalhar? Você faz dinheiro (esse é o termo correto, afinal, *ganhar dinheiro* é coisa de quem recebe mesada) para colecionar boletos ou para criar uma vida cada vez melhor?

Perceba como a linha de raciocínio que desenvolvi até agora é incisivamente instintiva: viver com qualidade, cuidar bem do presente, criar estratégias para construir um futuro seguro, mas de modo que essa construção seja leve e inspirada, não imposta e sofrida. Faz sentido?

Essa é a base do que discutiremos daqui para a frente. Vamos às soluções.

2
Quando o método tradicional não funciona

Objeções

Parar, pensar, organizar as contas, traçar um plano para viver com o dinheiro que sobra e colocar em prática o planejado. É simples. Ou melhor, parece simples.

As orientações dadas por um especialista são instruções racionais, obviamente. Para um leigo, diante da dificuldade de colocar em prática tais orientações, centenas de argumentos e objeções costumam servir de muletas. Alguns exemplos:
- Conseguiria aumentar a renda SE tivesse um carro;
- Conseguiria reduzir gastos SE não tivesse um filho;
- Economizaria SE ainda tivesse o que cortar no orçamento;
- Organizaria as contas SE tivesse tempo;
- Consumiria mais qualidade de vida SE não vivesse na periferia;
- Faria um plano de previdência SE tivesse um aumento;
- Estudaria sobre investimentos SE tivesse algum centavo para investir;

- Estaria com os planos em dia SE não tivesse sido mandado embora;
- As contas estariam em ordem SE não tivesse me divorciado.

São apenas alguns exemplos das tradicionais argumentações para o fracasso ou contra a aplicação do método. Argumentos que me fazem lembrar as aulas de química e física da escola: aplique a fórmula e alcance os resultados CNTP, ou seja, em *condições normais de temperatura e pressão*. A desculpa, para a maioria das pessoas, é não reunir, *ainda*, as condições ideais para evoluir. Mas, felizmente, a aplicação da fórmula da prosperidade não é tão exigente assim.

Trabalhe as objeções

Peço desculpas aqui por contestar seu argumento ou sua dificuldade, qualquer que seja. Não, a prosperidade não é privilégio apenas de pessoas que "não deram errado". Essa é uma visão preconceituosa da própria realidade. Não, você não precisa se manter no emprego para ter sucesso. Não, a sorte não é um diferencial para alcançar seus objetivos.

Se você for esperar o cenário ideal para começar a prosperar, não vai começar nunca. Eu nunca tive esse cenário ideal e nunca ouvi falar de ninguém bem-sucedido que teve. Ao modelar planos e carteira de investimentos, eu jamais me importei com o fato de o cenário ser otimista (crescimento) ou pessimista (recessão). Minha preocupação sempre foi entender bem a situação e traçar uma estratégia adequada para lidar com ela. Não se deixe vencer pelas desculpas que você mesmo cria.

SUBSTITUA	POR
Devo aumentar meus ganhos se comprar um carro.	Como pessoas que não têm carro fazem ganhos extras?
Meu filho pesa no orçamento.	Como famílias que ganham pouco e têm filhos consomem?
Não tenho o que cortar no orçamento.	Qual deveria ser o padrão de despesas de quem ganha o que eu ganho?
Não tenho tempo de me organizar.	Quais rotinas que eu posso adotar me permitiriam ganhar tempo?
Faltam opções de qualidade de vida no meu bairro.	Quais rituais diários me fariam mais feliz?
Preciso de um aumento para poder investir.	Qual é o limite de gastos para que, com minha renda, eu consiga poupar?
O momento não é bom para investir.	Como investidores profissionais fazem seus lucros no atual cenário?
Não conheço as oportunidades de investimento.	Quais são os cursos introdutórios na área em que quero investir?
Os custos para investir o pouco que tenho são elevados.	Quais são as modalidades de investimento mais competitivas para o pequeno poupador?

Faça planos com base no cenário que você tem e nos desafios a serem superados, um de cada vez. Com foco nas suas limitações, você poderá trabalhá-las à medida que seus planos evoluírem. Explico a seguir.

Prepare-se para lidar com problemas

A vida se transforma. Planos mudam. Seu planejamento financeiro precisa considerar a possibilidade de ajustes futuros e ser suficientemente resiliente para lidar com crises, imprevistos e fracassos parciais. Afinal, problemas acontecem. Crises econômicas vão afetar seu trabalho e seus investimentos – talvez seus relacionamentos também. Celebrações inesperadas consumirão reservas que tinham outras finalidades. Acidentes e doenças vão atrasar prazos importantes. Pessoas muito queridas precisarão de sua ajuda em um momento ruim. Para aumentar o desafio, se você vive em uma economia frágil e em desenvolvimento como o Brasil, crises e imprevistos serão mais frequentes e a vida se transformará mais rapidamente do que em outros países.

As coisas vão dar errado. Têm que dar errado. Se o ambiente ao seu redor muda drasticamente e você não tem nenhum imprevisto, é porque está sendo muito conservador e deixando de aproveitar oportunidades de experimentar o novo. Afinal, quem evolui e passa, com frequência, por novas experiências também aprende a lidar com situações nunca antes vivenciadas. Não é possível prever todas as variáveis daquilo que não se conhece.

Quanto mais interessante for sua vida, mais imprevistos irão acontecer, e mais preparado você deve estar para lidar com eles. Uma vida interessante é uma vida com muitas experiências, mas também com muitos fracassos e muitos aprendizados. Arrisco dizer que uma vida interessante é uma vida de persistência.

Fortaleça seus planos

Da mesma forma que imprevistos podem acontecer, você pode, deliberadamente, favorecer sua sorte. Isso se faz com preparo e investimento em conhecimento e ferramentas.

Costumo estimular a revisão periódica do planejamento pessoal de meus alunos. Ao fazer isso, em geral, são realizados ajustes que melhoram projeções feitas anteriormente. É fácil entender o motivo das melhorias.

Quem não possui um plano detalhado para alcançar um objetivo tem o sonho, mas não sabe exatamente como alcançá-lo. Por exemplo, suponha que seu sonho seja fazer uma grande viagem pela Europa. Quando surge alguma informação relacionada a esse objetivo (digamos, alguma notícia sobre sites de descontos em passagens ou roteiros), essa nova informação aguça as ideias, mas não se torna prática – pois não há o que ser praticado. Tende a ser esquecida em pouco tempo ou acomodada em uma grande gaveta de ideias.

Se houvesse um plano, com projeções de gastos com a viagem, qualquer informação nova seria utilizada para aprimorar a estimativa inicial e melhorar o orçamento da viagem.

Sêneca escreveu que *quando se navega sem destino, nenhum vento é favorável*. Sem planos, informações valiosas viram apenas notícias. Com planos, qualquer dica se transforma em economia ou fortalecimento do projeto. Por essa razão, quem revisa periodicamente seu planejamento tende a dominá-lo em seus mínimos detalhes e a conhecer suas limitações, mantendo-se atento a qualquer fato ou informação que possa melhorá-lo.

Consequentemente, aproveita melhor as incontáveis oportunidades que batem diariamente a nossa porta. Maior atenção às oportunidades significa maior aproveitamento delas. Há quem dê a esse processo o nome de sorte.

Planos não foram feitos para dar certo

Se você fizer planos para alcançar um objetivo daqui a cinco anos e tudo acontecer exatamente como você previu, é sinal de que algo terá dado errado. Afinal, se em cinco anos não houver nenhum imprevisto, é porque seu planejamento foi demasiadamente conservador e você evoluiu bem menos do que poderia. É que, no fundo, ao longo de todo esse tempo, você poderia ter aprimorado seu plano e melhorado a previsão inicial. Se não fez isso, provavelmente seu conhecimento também não evoluiu – algo inconcebível nos dias de hoje.

Planos são feitos com base na perspectiva que você tem hoje e devem evoluir à medida que ganha experiência. É por essa razão que oriento meus alunos a serem otimistas em suas previsões. Eles estão sendo estimulados ao aprendizado contínuo, principalmente àquele associado às grandes conquistas que querem obter na vida.

Quando os planos não ajudam

Todos temos sonhos. Quando temos uma noção de quanto custa o nosso sonho, em quanto tempo podemos realizá-lo e de que forma seremos capazes de alcançá-lo, passamos a ter uma ideia. Quando essa ideia se traduz em organização do orçamento, esforço de poupança, escolha do investimento e ações concretas para viabilizar o sonho, temos, enfim, um plano.

Entenda por *plano* a reunião consciente, organizada e disciplinada dos recursos necessários para construir um objetivo de forma tangível e viável. Em outras palavras, um plano envolve:
- Um objetivo conhecido e o valor necessário para alcançá-lo (quanto custa);
- Um prazo para realizá-lo;
- A escolha de uma estratégia de investimento;
- Um esforço regular de poupança para que, com os rendimentos do investimento, o objetivo seja atingido;
- A pesquisa de informações para que os itens acima sejam aprimorados ao longo do tempo.

Fiz questão de conceituar o que entendo por plano porque muitas pessoas iludem-se ao acreditar que possuem planos quando, na verdade, só estão cultivando ilusões que não vão garantir seu sucesso.

Por exemplo, não podem ser considerados exemplos de planos:
- **Começar a investir quando receber um bônus ou uma promoção.** Essas são apenas hipóteses, que podem não acontecer. Contar com elas não gera nada além de frustração. Por outro lado, cursar uma pós-graduação para concorrer a uma promoção ou trabalhar no feriado para bater a meta e receber um bônus são planos.
- **Aguentar no cargo insuportável até que apareça uma oportunidade melhor.** Trabalhar sem tesão é se condenar ao fracasso, pois em algum momento você fraquejará pela falta de

energia. Oportunidades não aparecem, elas são caçadas por quem se prepara. Aceitar por alguns meses um trabalho que a maioria não quer e atuar de forma brilhante para provar seu valor (e ser recompensado por isso) é um plano.

- **Jogar na loteria semanalmente, na esperança de ganhar um grande prêmio.** É comprovado: é mais provável morrer atingido por um raio do que ganhar na loteria. Se fizer um seguro de vida contra descargas atmosféricas, vai gastar menos do que com loterias e terá o mesmo retorno. Mesmo assim, continua não sendo um plano.
- **Tentar o "pulo do gato" com negócios de ganho rápido.** É daquelas armadilhas que se perpetuam na sociedade porque quem cai nelas sente tanta vergonha que evita compartilhar o aprendizado. Você vai mudar de vida com um investimento que promete ganhos de 3% ao mês? Vai entrar em um negócio de vendas diretas em que ficará milionário se todos os seus amigos *caírem*, quero dizer, entrarem também? Rendimentos elevados em investimentos são fruto de muito trabalho e dedicação. Negócios sérios transformam-se em pirâmides financeiras na mão de amadores. Oportunidades verdadeiras não são compartilhadas com qualquer interessado. Um bom plano pode ser executado em um prazo curto, mas isso normalmente é resultado de conhecimento, e não de ceder a um esforço de venda.
- **Aceitar o insucesso nos planos quando um fato extraordinário acontece.** Seu plano era, simplesmente, seguir o plano. Mas o bebê nasceu, o emprego acabou ou o relacionamento morreu. Os gastos aumentaram, os rendimentos caíram e, por mais que você se esforce, não consegue manter o que havia programado. Na verdade, isso não é um plano – ERA um plano, que se tornou inviável. Um erro muito comum é tentar sustentar um planejamento concebido em um cenário que não existe mais. O apartamento em que você vivia antes do divórcio não é mais adequado para uma pessoa separada. A academia que

Todos temos sonhos.
Quando temos uma noção de
quanto custa o nosso sonho,
em quanto tempo podemos
realizá-lo e de que forma
seremos capazes de alcançá-lo,
passamos a ter uma ideia.
Quando essa ideia se traduz
em organização do orçamento,
esforço de poupança, escolha do
investimento e ações concretas,
temos, enfim, um plano.

◉ gustavocerbasi

você pagava não é mais compatível com seu orçamento. O carro que você tem não se adequa à realidade atual.

Há uma diferença entre ajuste nos planos e mudança de planos. É preciso diferenciar esses conceitos, fundamentais para o restante da leitura.

Blindagem contra imprevistos: o ajuste nos planos

Usei o termo *resiliente* quando me referi a *lidar com crises*. Esse é um conceito que discuti originalmente no livro *Dinheiro: Os segredos de quem tem*. Resiliência é a característica física que alguns corpos e materiais possuem de recuperar sua forma original depois de sofrerem determinados tipos de deformação. Por exemplo, borracha e espuma de colchão são materiais considerados altamente resilientes.

Uma das mais importantes técnicas do planejamento financeiro é manter-se financeiramente resiliente. Em outras palavras, planos devem ser construídos de modo a suportar imprevistos de diferentes naturezas.

Se você está se preparando para casar, por exemplo, não pode desistir do casamento caso a faculdade ou a conta de energia elétrica aumentem de preço. Seus planos devem considerar que muitos itens de consumo vão encarecer. O exemplo da inflação (ou aumento de preços) não é o mais crítico, pois, normalmente, os rendimentos que obtemos do trabalho também são corrigidos pela inflação.

Porém, outros percalços podem acontecer. A televisão pode queimar, você pode ser convidado para apadrinhar um casamento, a seguradora pode lhe cobrar a franquia do seguro em caso de sinistro. Esses são problemas que costumam inviabilizar pequenos planos de muitas famílias.

Existem duas poderosas estratégias para blindar o orçamento contra imprevistos:

1. **Manter uma reserva de emergências.** Trata-se de uma reserva equivalente a cerca de três meses do consumo mensal da família, que deve estar investida (para não perder a oportunidade de rendimento) com liquidez imediata, ou seja, com disponibilidade imediata em caso de necessidade. A reserva de emergências deve ser considerada como o primeiro dos investimentos – não se faz outro enquanto ela não estiver completa. Em caso de uso total ou parcial, recompô-la deve ser prioridade. Em caso de dívidas planejadas, como o financiamento do carro ou da moradia, a quitação deve ser feita sem consumir essa reserva, pois é ela que manterá a estabilidade financeira e psicológica da família em caso de imprevistos.
2. **Reduzir a proporção de gastos fixos no orçamento.** Nossas decisões de consumo são escolhas pessoais. Há uma grande diferença entre gastos fixos (aqueles que você sabe que terá que pagar todos os meses) e gastos variáveis (aqueles que acontecem de vez em quando ou só quando sobra dinheiro). Normalmente, os gastos variáveis são os relacionados a lazer, cuidados pessoais, qualidade de vida e educação avulsa. Quem reclama que faltam recursos para esse tipo de gasto resiste a entender que isso é resultado de escolhas mal pensadas. O financiamento ou aluguel pode estar sufocando a família, mas o fato é que, em algum momento, seus integrantes decidiram não morar em um apartamento 10% mais barato, por exemplo. Quanto mais despesas fixas temos, mais expostos a imprevistos estamos, pois não há o que cortar em situações urgentes. Quem assume um padrão de vida mais econômico e com mais gastos variáveis tem a vantagem de viver melhor e mais motivado (porque pode desembolsar mais com o que o faz feliz) e com um orçamento mais resiliente – se tivermos que dedetizar a casa, cancelamos o cinema e vamos ver filme na casa de amigos. Além de um padrão de vida mais simples, outra forma de reduzir gastos fixos é evitar compras a prazo.

Uma combinação de reserva para emergências, compras à vista e estilo de vida mais simples (e mais rico em experiências) não blinda totalmente a família contra a frustração. Afinal, diante de fatos inesperados, pequenos planos e programas de lazer serão cancelados. Mas é fundamental entender que, passados alguns dias, essa pequena frustração já não será mais sentida, afinal a família terá voltado à rotina normal.

Por outro lado, para quem não tem resiliência orçamentária, basta um convite para jantar fora para que as contas não fechem e os planos se inviabilizem. E, muito provavelmente, essa família estará iniciando um ciclo de dívidas do qual terá dificuldade para sair, pois, no mês seguinte, os gastos fixos estarão lá para consumir todo o orçamento sem margem de manobra sequer para quitar a dívida – que já estará maior que no mês anterior. Esse é o começo do Ciclo da Frustração, definido no livro *Mais tempo, mais dinheiro*.[5]

Percebe como enriquecer é uma questão de escolha? As decisões muito bem-intencionadas sobre o seu padrão de vida, baseadas no que você acredita que pode pagar, podem permitir ou não que reservas sejam formadas e que você esteja preparado para lidar com imprevistos.

A dúvida, acredito, está em até que ponto reduzir o padrão de vida para se tornar mais resiliente e com maior capacidade de poupança. Explicarei esse ponto em detalhes nos capítulos seguintes.

Jogar a toalha: a mudança de planos

Há situações, porém, em que planos realmente dão errado. Você os constrói com base em um cenário: quanto você ganha, qual sua em-

---

[5] Para quem se identificou com o Ciclo da Frustração ou com dívidas fugindo ao controle, recomendo a leitura de *Como organizar sua vida financeira*, em que explico, passo a passo, como negociar as dívidas e reequilibrar as finanças.

pregabilidade, como você gasta ou espera gastar, quanto tempo espera viver, quais grandes fatos da vida vão afetar suas escolhas.

Imprevistos acontecerão e planos mais resilientes sofrerão pequenos ajustes, enquanto os sem resiliência serão parcialmente abandonados. Em média, o resultado de planos elaborados sem muita qualidade é uma aposentadoria aquém da desejada e um padrão de vida decrescente nos últimos anos de vida. Isso não pode ser considerado como fracasso – é apenas o resultado ruim de planos igualmente ruins.

O nosso cenário, porém, pode mudar. A perda de um emprego, por exemplo, afeta diretamente nossa renda, que é o insumo básico do planejamento. Se o desemprego é temporário e contamos com uma boa reserva de emergências, ajustes podem ser feitos para sustentar o plano original. Se não há perspectiva de um novo emprego, devemos considerar que o cenário mudou e que o plano deve ser refeito.

O mesmo acontece em uma gravidez não planejada, ou quando se descobre uma doença, quando se perde alguém querido, ou quando somos convocados para um trabalho longe da família.

Em um cenário sem grandes alterações, planos podem ser ajustados contra imprevistos. Porém, diante de uma mudança radical, o planejamento também deve mudar. É um erro insistir no plano original, esforçando-se por pequenas economias para tentar fechar a conta do mês. Essa estratégia dura poucos meses, cria dívidas e destrói rapidamente o patrimônio.

Na luta de boxe, quando o técnico percebe que seu atleta está sendo duramente castigado e sente que são remotas as chances de recuperação, ele pode jogar a toalha no ringue para interromper imediatamente a luta. Muitos entendem isso como assumir o fracasso, mas, na prática, essa atitude piedosa visa preservar o atleta de um sofrimento que pode ser evitado.

Mudado o cenário de nosso planejamento, devemos ter a humildade de reconhecer que perdemos uma condição de equilíbrio e jogar a toalha quanto antes para que estejamos mais preparados para a próxima luta, ou para o próximo plano. Os mais organizados já estarão prontos para seguir um caminho alternativo, o chamado plano B.

Com as devidas organização e criatividade, e com a convicção do que é realmente importante na vida, é provável que o novo plano, em um novo cenário, conduza aos mesmos objetivos que eram perseguidos anteriormente. É aqui que entra o conceito de Inteligência Financeira. Seu sucesso será determinado pela sua capacidade de fazer boas escolhas – entre elas, enriquecer.

Consciência gera desconforto, e desconforto gera a ação necessária às mudanças.

◉ gustavocerbasi

3
Planos novos para quando os velhos fracassarem

Ambição

O que expus até aqui levou em consideração os fatos que inviabilizam ou afetam planos que pareceram viáveis em algum momento. Entretanto, é comum um tipo de frustração que acontece antes mesmo do início do planejamento. É quando a pessoa ambiciona conquistas, materiais ou não, que parecem muito distantes de sua capacidade de construção ou poupança.

Entre os exemplos está a noiva que sonha com uma celebração com véu e grinalda em igreja e casa de festas, mas que começa a se conformar com a ideia de união estável ou uma cerimônia apenas no civil. Está também aquele que é apaixonado por programas de história e viagens e adoraria conhecer o mundo, mas acha difícil até mesmo pagar a passagem de avião. Ou, então, o jovem da periferia que acredita que não sobe na vida porque não consegue comprar um bom par de sapatos para se apresentar dignamente em uma entrevista de emprego. Pior é a situação da família cujos membros sofrem de uma doença genética que exige um caro tratamento, tão inviável que evitam tocar no assunto, já que o máximo que vislumbram é um acompanhamento do inevitável sofrimento no sistema público de saúde.

Não há limite para a ambição. Mas sabem os ambiciosos que a falta de recursos limita severamente a realização de seus sonhos majestosos. A boa notícia é que raramente a dificuldade de realizar grandes objetivos está na falta de dinheiro – até porque dinheiro é algo que se pode produzir com trabalho e criatividade. O que normalmente falta para alimentar a ambição é a capacidade de elaborar bons planos, ou de fazer boas escolhas que tornem viáveis planos bem elaborados.

Cenário de transformação

Quando decidimos a maneira como iremos utilizar nossa renda para nos manter, estamos definindo nosso *padrão de vida*. O raciocínio usual para estruturação do padrão de vida – isto é, a definição dos gastos que queremos ou precisamos ter – é:

- Vislumbrar um item que desejamos consumir;
- Levantar custos de aquisição ou financiamento e de manutenção;
- Avaliar possibilidades e estimar o melhor que podemos adquirir com os recursos que acreditamos que temos;
- "Trabalhar" o orçamento (fazer sacrifícios) para conseguir pagar o item.

O resultado desse processo é um orçamento sempre estrangulado por um padrão de vida adquirido com um suposto cuidado e com a melhor das intenções. Nesse orçamento, investir é apenas uma esperança, desde que nada saia do previsto. Gastos com lazer e cuidados pessoais são sempre postergados, afinal "estamos no momento de fazer sacrifícios". Particularmente, não acho nada estimulante esse estilo de consumo e de planejamento.

Para formular planos bem elaborados e mais ricos, você deve inverter a ordem das escolhas:
- Defina sonhos que você quer alcançar e transforme-os em objetivos;
- Desconte de sua renda o que está previsto poupar para os objetivos;
- Depois, desconte do que sobrar a verba que pretende destinar para consumir qualidade de vida;
- Avalie os recursos mensais que sobram e, então, estude o padrão de vida que você pode pagar com esse dinheiro.

Duas definições importantes devem estar claras ao fazer essa análise:
1. **Qualidade de vida:** são os gastos com cuidados pessoais, lazer e educação avulsa, associados ao relaxamento ou descompressão da rotina. Eu não incluo, por exemplo, escola e moradia em qualidade de vida, apesar de que uma moradia escolhida cuidadosamente pode permitir gastar menos com qualidade de vida, por exemplo.
2. **Padrão de vida:** são os gastos inevitáveis (porém administráveis e escolhidos) que temos com moradia (que incluem contas de consumo, manutenção e impostos), saúde, educação, transporte, segurança e alimentação.

Ao apresentar esse novo modelo, minha sugestão é que você priorize as grandes realizações futuras e as importantes experiências presentes. Forçosamente, isso exigirá que você gaste menos com seu padrão de vida.

Nesse ponto da orientação, muitos demonstram sua descrença em relação ao modelo de planejamento que proponho. "Reduzir o padrão de vida?" Como reduzir o padrão de vida quando se mora na casa mais simples do bairro? Como comprar um carro mais barato quando se tem dois filhos e o atual, pequeno, já tem seis anos de uso?

Deve-se abrir mão de um plano de saúde? De um curso de idiomas para o filho? Das atividades físicas feitas por orientação médica? *Dá para reduzir o padrão de vida quando se mora de favor, só se gasta com comida e remédios e ainda há dívidas acumuladas?*

Tenho respostas a esses questionamentos. Mas, antes de tudo, minha orientação é que você deixe de usar essas perguntas como desculpas para não agir. Quem se faz de vítima acaba sendo vítima da própria acomodação. Sua situação presente, não importa qual seja, não serve de argumento para você não melhorar de vida. Se o cenário é difícil, reconheça apenas que, na escalada em direção à prosperidade, você tem alguns poucos degraus a mais a subir.

Do ponto de vista prático, eu entendo qualquer das situações descritas pelas perguntas acima como sendo o *cenário* no qual elaboraremos nosso plano. Não importa se ele é bom ou ruim. O que importa, para seu sucesso, é adotar a estratégia correta para o quadro que se apresenta.

Se você não está satisfeito com esse cenário, incluiremos na estratégia a transformação dele. Por isso, dedico o restante deste capítulo ao que chamo de *cenário de transformação*. Em outras palavras, vamos mudar de vida, se é disso que precisamos para crescer.

O pior cenário possível

Mencionei, no tópico anterior, situações de limitação financeira que sufocam a maioria das pessoas. Já havia mencionado também exemplos de famílias de alta renda que se sentem asfixiadas. São situações que exigem algumas etapas a mais no processo de criação de riqueza, sem dúvida, inclusive a necessidade de trabalhar as dívidas antes de começar a poupar.

Mas nenhuma situação é mais grave do que a insolvência absoluta, quando simplesmente não há mais capacidade de pagamento das dívidas. Isso acontece quando há um grave evento inesperado na família, como uma doença que exige tratamento longo ou uma grande perda que não estava coberta por seguro, como o alagamento da moradia.

Em muitos casos, a insolvência absoluta é resultado apenas da irresponsabilidade ou da ingenuidade, quando não se toma a atitude de estancar dívidas ainda no início e elas se acumulam fora de controle durante meses ou anos.

Quando a dívida é muito maior do que o patrimônio do devedor, existe, no Brasil, a possibilidade de declarar a falência pessoal, que, no meio jurídico, é conhecida como insolvência civil. A declaração judicial de insolvência implica o vencimento antecipado de todas as dívidas e a arrecadação de todos os bens suscetíveis de penhora, tanto atuais quanto futuros (direitos a receber). Porém, nesse assunto, os juízes são extremamente rigorosos e inflexíveis, e é raro declararem a insolvência civil, diferentemente do que ocorre com a pessoa jurídica, para a qual são mais comuns a declaração de falência e os processos de recuperação judicial.

Isso quer dizer que quem deve não conseguirá fugir de suas obrigações. Poderá, talvez, negociar parte da dívida. Mas esperar as dívidas se acumularem para conseguir uma negociação é péssimo negócio, pois as mais negociáveis são aquelas que crescem mais rapidamente. Você prefere pagar o total de uma dívida de R$ 4 mil ou 10% de uma dívida de R$ 100 mil após anos sem crédito e com muito sofrimento? É um erro deixar os problemas chegarem a esse ponto.

A recomendação para quem se sente em um beco sem saída em razão das dificuldades financeiras é parar tudo, "passar a régua" e recomeçar.

Orçamento base zero

Sobre recomeçar, refiro-me a um conceito bastante conhecido nas finanças empresariais e que adoto em meu curso Inteligência Financeira, chamado de Orçamento Base Zero.

Em uma preparação convencional de orçamento doméstico, é comum usar estratégias como "reduzir o aluguel em 5%", "aumentar investimentos em 2%", "cortar telefonia pela metade". Os esforços de melhoria partem da premissa de que algum ajuste será feito em cima da rotina ou dos hábitos já existentes.

A técnica do orçamento base zero consiste em não levar em consideração o padrão de gastos existente até então. Não importa se você gasta 30% de sua renda com moradia, 20% com transporte ou 25% com saúde ou alimentação. Ignora-se a conhecida situação atual e começa-se o planejamento com a seguinte reflexão:

Com a renda que possuo, qual seria o padrão de gastos ideal?

Esse padrão ideal leva em consideração a ordem inversa de escolhas que sugeri no início do capítulo. Primeiro grandes objetivos, depois qualidade de vida e, com o que sobra, escolhas de padrão de vida: moradia, transporte, alimentação, saúde e educação. A técnica o convida, portanto, a uma redução no custo de seu padrão de vida – levando em conta que *uma vida mais simples é o caminho para uma vida mais rica em experiências presentes e em concretizações futuras.*

Obviamente, não se muda o padrão de vida de um mês para outro. Há compromissos decorrentes de más escolhas passadas que limitarão nossas decisões por um tempo.

Mas os seguintes passos fazem parte de meu plano de enriquecimento para meus alunos:

- Diagnosticar detalhadamente a situação presente (Vida Presente);
- Simular, com base zero, a situação ideal (Vida Ideal);
- Trabalhar diversas técnicas (inclusive negociação, economia e investimentos) para conduzir o padrão de gastos da situação Presente para a Ideal, sem abrir mão da qualidade de vida.

É importante que a situação presente seja mapeada minuciosamente para constatar as consequências das más escolhas ou da falta de revisão nas contas. Poucas pessoas percebem que um pacote de assinatura de televisão a cabo de R$ 250 mensais resulta em R$ 3.000 anuais. Ou que o pacote de telefonia de R$ 99 mensais sai por

R$ 1.188 anuais e pode ser perfeitamente substituído por uma assinatura de internet de custo inferior. Quem, hoje, precisa realmente fazer chamadas telefônicas para se comunicar? Ao estudar os efeitos cumulativos de nossos pequenos gastos ao longo de um ano, despertamos nossa consciência para a irresponsabilidade de muitas de nossas escolhas.

Consciência gera desconforto, e desconforto gera a ação necessária às mudanças.

Tentativas conhecidas

Você já deve ter percebido, a esta altura, que:
1. Existe um caminho racional para enriquecer;
2. Enriquecer não exige privações em qualidade de vida;
3. É necessário adotar um custo mais baixo nos itens que mais engessam e mais pesam no orçamento.

Não são raras as pessoas que, focando alguns dos elementos desse processo, se esforçam para colocar em prática mudanças. O problema é que, sem olhar o todo, nem sempre tomam as melhores decisões.

Quem, por exemplo, deixa sua família para buscar trabalho ou empreender desbravando terras mais distantes em outro estado ou país o faz porque percebeu que a "vida atual" era insustentável. Por isso, partiu para alcançar a vida ideal. A questão é que, muitas vezes, quando consegue acumular boas reservas, se dá conta de que perdeu uma parte importante da história da família e se arrepende. Isso acontece porque a pessoa se esqueceu – ou não compreendeu – que a qualidade de vida era um fator importante nessa construção.

Um exemplo típico é o de imigrantes, como os dekasseguis, que vão trabalhar temporariamente no Japão com o objetivo de enviar recursos aos parentes que ficaram para trás, vivendo em situação de carência. Quando voltam ao país de origem, trazem uma boa poupança, mas também o sentimento de que envelheceram rápido, em razão do excesso de trabalho e da obsessão por poupar. Com um pouco mais de preparo e informação, poderiam ter planejado trabalhar menos, desfrutar mais da rica cultura japonesa no tempo livre, poupar menos e, ainda assim, retornar para a família com o mesmo volume de reservas, resultante de técnicas mais eficientes de investimento. O exemplo do Japão vale, na verdade, para qualquer outro país que recebe imigrantes para trabalhos não desejados pelos habitantes locais.

Muitos brasileiros que imigram para a Europa, os Estados Unidos e o Japão vão em condições similares às que haitianos e venezuelanos encontram ao buscar emprego no Brasil. São pessoas que abriram mão de uma profissão mais qualificada, às vezes até de um negócio próprio, em um país de economia frágil, para ocupar vagas de trabalho braçal ou subemprego em países com renda mais elevada. Sacrifício bem-intencionado para poder dar à família uma vida mais digna.

A questão a ser colocada é: até que ponto vale a pena passar por tamanho sofrimento, inclusive a distância dos parentes e amigos e do que lhe é familiar, para proporcionar conquistas que, às vezes, são apenas materiais?

Bloqueios psicológicos e sociais

Não questiono a necessidade de sacrifício, nem a melhora na qualidade do consumo da família que se beneficia dele. Em muitos casos, o dinheiro que advém do suor do provedor torna viável uma escola ou faculdade privada para os filhos ou netos.

O que questiono é o sacrifício sem limites, como longas jornadas de trabalho com horas extras e o afastamento da cultura natal. Será que quem está disposto a tamanha privação não poderia fazê-la em seu país, em sua cultura e mais próximo de elementos familiares (pessoas, música, comida) que lhe trariam mais conforto após uma longa jornada de trabalho?

O ponto a que quero chegar é que quem se afasta de sua cultura assume um estilo e um padrão de vida que não assumiria aqui. Faz sacrifícios que não estaria disposto a fazer perto dos seus, talvez por acreditar ser humilhante. Ex-gerente se torna apertador de parafusos. Ex-farmacêutico vira garçom. Professor começa a atuar como trabalhador em lavoura. Engenheiro vai vender suco na rua. Passam dificuldades, sentem o desgaste físico. Mas os desafios nos fortalecem e nos fazem crescer. Dinheiro ganho com muito suor tem mais valor.

Será que, se essas pessoas se submetessem a sacrifícios desse tipo em sua terra natal, ignorando julgamentos e pressões da sociedade, não chegariam a resultados similares aos que alcançam com muito custo em uma sociedade estranha?

Não estou apenas opinando. Essas reflexões nasceram de experiências pessoais. Quando eu cursava o primeiro ano de Administração (minha segunda faculdade) na Fundação Getulio Vargas, a melhor escola de negócios do país, decidi dar aulas de inglês para fazer dinheiro. Meus pais proviam moradia e alimentação, mas eu já namorava e queria ter meus gastos. Ouvi de muitas pessoas queridas perguntas do tipo "Estudando na FGV e dando aulas de inglês?", "Por que não faz um estágio em uma multinacional?". Na minha cabeça, a resposta era simples: primeiro ano de faculdade não era hora de estágio, mas 21 anos de idade era hora de ganhar dinheiro!

É possível que o desemprego não seja resultado da falta de emprego, mas sim da falta de vontade de trabalhar. Ou da humildade de aceitar trabalhar, porque trabalho sempre existe para quem tem capricho e vontade de executar. Estudo e conhecimento ajudam, obviamente, mas são raros os que aproveitam o tempo livre do desemprego para estudar com afinco. Dedicam o tempo à espera de vagas que não existem, enquanto outros estudam para se qualificar para vagas que exigem conhecimento e certificações. A dificuldade, muitas vezes, é uma construção – ou uma desculpa – criada por você.

É possível que você esteja disposto a fazer sacrifícios ou concessões por uma vida mais digna, prazerosa e edificante – porém, não faz isso por pressão daqueles que são importantes para você. Que tal dar um pouco menos de atenção à opinião alheia e mais a seus sentimentos? Sim, eu sei que você tem medo de decepcionar pessoas queridas a curto prazo, mas, a médio e longo prazos, seus resultados justificarão suas escolhas.

Ação de transformação

Não importa qual seja sua condição financeira, seu status, o tamanho de sua dívida ou a gravidade do problema que apareceu em sua vida. Se você tem ou teve sonhos e eles parecem inalcançáveis, ou se sua vida se resume a uma sequência triste e sem perspectiva de acordar-comer-trabalhar-dormir, algo precisa ser feito.

Uma vida rica pressupõe a realização de sonhos. Se você não está alcançando nada do que sonhou, faltam-lhe pelo menos um pouco de agenda para organizar planos e um pouco de coragem para reconhecer as escolhas erradas que fez e mudar de vida.

Se não falta coragem e você se sente pronto para entrar em ação, cuide para tomar a direção certa! Mais importante do que sacrificar horas de sono e práticas de lazer e cuidados pessoais é estabelecer um plano para reduzir o custo do seu padrão de vida.

Minha missão, neste livro, é lhe mostrar que essa redução pode ser feita sem o sentimento de que você está perdendo ou abrindo mão de algo. Minha proposta é lhe apresentar um caminho para uma vida mais rica – e vida mais rica significa presente e futuro mais ricos.

Qual a sua desculpa para não prosperar? Espero acabar com todas as suas objeções. Depois me conte o que achou, nas redes sociais.[6]

---

[6] Instagram: @gustavocerbasi
Facebook: Gustavo Cerbasi Oficial
YouTube: GustavoCerbasiBR
Twitter: @gcerbasi

4
Você tem opções

Anamnese

Partimos da ideia de que você se organizou, fez as contas e decidiu realizar seus sonhos, inclusive o objetivo de conquistar a independência financeira.[7] Invariavelmente, os números dizem que sua vida está cara e seus custos fixos estão elevados. Você pretende aliviar essa parte do orçamento para poder investir na construção financeira de seus objetivos e para consumir mais lazer, mais cuidados pessoais e mais educação avulsa – aquela que está relacionada a coisas que gostamos de fazer, e não necessariamente a nossa atividade profissional.

O gargalo de seu projeto está naquilo que você ostenta. Casa, carro, roupas, título de clube, plano de saúde com pacote hospitalar estilo resort. Entram nessa restrição também as últimas férias, parceladas em doze vezes. Você sabe que é caro, mas sua família merece. Você avaliou e acreditou que, com sacrifício, conseguiria pagar. Sabe

---

[7] Como montar esse tipo de plano é o que discuto detalhadamente no livro *Como organizar sua vida financeira* e o que ensino de forma pragmática no curso Inteligência Financeira.

também que sua família está habituada a esse padrão de vida e que mudá-lo não é tarefa simples.

Eventuais mudanças certamente consumirão tempo, exigirão pesquisa e negociações, adaptações e ajustes. Se bem conduzidas, podem levar anos e exigir constantes conversas em família sobre o porquê dos ajustes e sacrifícios.

Escolhas

Pois é, enriquecer dá trabalho. Você decide: quer ter o trabalho de se organizar para uma vida melhor, mais leve e equilibrada ou trabalhar como um condenado, escondendo seu sofrimento da família e dos amigos com um estilo de vida que é ilusório e insustentável?

Estamos falando de fazer escolhas. Toda escolha envolve abrir mão de algo, mas também conquistar uma situação melhor (desde que tenha sido bem-feita). Ao optar entre uma coisa e outra, você sempre terá a sensação de que perdeu algo. O seu padrão de vida portentoso e endividado certamente lhe traz algum tipo de conforto. Talvez seja apenas emocional, como aquele tapinha nas costas acompanhado de um comentário do tipo "Bela gravata!". Mas o que muitos não percebem é que esse tipo de satisfação é paliativo e só serve para justificar a preguiça de encarar o trabalho de buscar um grau de conforto maior e mais durável.

Em várias situações da minha vida tive que tomar decisões difíceis, que envolviam grandes perdas em troca apenas da possibilidade de ter grandes ganhos. Uma delas foi largar o doutorado na Universidade de São Paulo e uma carreira acadêmica sólida para empreender fora do país. Você trocaria doutorado e carreira estável, disputada e com boa remuneração por uma aventura? Recém-casado e sem filhos, meu momento de vida permitia correr alguns riscos. Encarei o desafio, junto de minha esposa, Adriana.

Meses depois, vieram convites para voltar ao Brasil para escrever e falar para grandes públicos, sem nenhuma remuneração garantida, em um momento em que o negócio no Canadá ainda tinha dificuldade para decolar, mas já gerava ganho certo e nos dava a possibilidade de imigração. Você bancaria a aposta? Os números diziam que era melhor continuar no Canadá, mas a saúde frágil de meu pai e a possibilidade de impactar milhares de pessoas me fizeram decidir pelo retorno ao Brasil.

Escolhas não devem ser feitas apenas com base em números. Eles contam, mas é fundamental entender o que você busca dos números em sua vida. Você quer ganhar muito dinheiro para ter liberdade? Se aposentar em uma casa de campo? Viajar o mundo? Se pensa nesses caminhos, deve avaliar também possibilidades de, por exemplo, viver viajando, mesmo que com baixa remuneração – o percurso para alcançar seu objetivo será bem menor.

Abandonei uma carreira acadêmica sólida e bem remunerada em troca de uma experiência internacional e de mais tempo para mim mesmo e para a família que estava começando com a Adriana. Depois, abandonei um negócio em crescimento e a possibilidade de imigração para uma cultura admirável em troca de poder transformar um país pobre e de viver com meu pai os últimos anos dele.

Foram decisões rodeadas de dúvidas e insegurança, mas tomadas de forma consciente depois de muito pensar e discutir em família.

Técnicas de decisão

Não importa a complexidade da situação, a forma como tomo decisões tem sido a mesma desde sempre. Quando comecei a trabalhar, ainda morando com meus pais, eu já usava esse método para escolher se gastava meu dinheiro em um fim de semana divertido ou se guardava para uma viagem de intercâmbio. Basicamente, somei ferramentas que aprendi no curso de Administração a uma tradição familiar de discutir planos à mesa.

Meu processo de tomada de decisões, que hoje ensino a meus alunos, envolve quatro técnicas principais:

- **Orçamento doméstico.** É fundamental mapear seu consumo detalhadamente. O principal motivo disso é que costumamos saber de cor nossas despesas mais importantes (escola, moradia, prestações), mas raramente alguém que não controla o orçamento sabe quanto desembolsa no mês com pequenos valores. Acredita-se que há espaço para assumir determinados gastos, mas esse espaço já está comprometido com a rotina. Nenhum planejamento será bem-sucedido se não começar por uma revisão cuidadosa das contas. Muitos me perguntam se eu utilizo algum aplicativo para controlar o orçamento, mas, após testar dezenas deles, ainda não encontrei nada tão eficiente quanto uma boa planilha de Excel.[8]
- **Análise SWOT.** Consiste em elencar os elementos que conhecemos sobre as possibilidades que estão em jogo. SWOT é a sigla em inglês para Strenghts (forças), Weaknesses (fraquezas), Opportunities (oportunidades) e Threats (ameaças). Basicamente, a análise consiste em montar um diagrama em que relacionamos quais são os pontos fortes e fracos da escolha que estamos avaliando e quais são as oportunidades e ameaças associadas a ela. Parece pouco, mas, só de visualizar e estudar esses aspectos, conseguimos raciocinar com maior clareza. Na decisão de ir ou não para o Canadá para montar minha empresa, essas eram minhas análises SWOT (com elas, decidimos ir morar lá):

---

[8] Você pode baixar minha planilha de Orçamento Familiar Mensal no site www.maisdinheiro.com.br/simuladores. Você precisará dar seu nome, e-mail e o ISBN deste livro (numeração que pode ser encontrada na página 4).

	IR PARA O CANADÁ			FICAR NO BRASIL	
FATORES INTERNOS	**FORÇAS** • domínio do inglês • domínio de administração • domínio de finanças • reservas financeiras • sócio conhecido • paixão por cultura • sem filhos • vontade de mudar	**FRAQUEZAS** • inexperiência • visto temporário • sair do doutorado • perder renda sólida • apego à família • filhos longe dos avós • cultura nova	**FATORES INTERNOS**	**FORÇAS** • carreira sólida • renda boa e estável • concluir o doutorado • contato com amigos • criar filhos com avós • conhecimento sobre investimentos	**FRAQUEZAS** • rotina pesada de trabalho • falta de tempo para nós • vontade de morar fora • vontade de empreender
FATORES EXTERNOS	**OPORTUNIDADES** • poucos concorrentes • país seguro • facilidade de abrir empresa • facilidade para imigrar • tributação reduzida • regras claras • convite de emprego para Adriana • vida mais previsível	**AMEAÇAS** • rejeição do negócio • demora para o negócio engrenar • certificação do negócio • saúde dos pais • saudades • convites para trabalhos no Brasil	**FATORES EXTERNOS**	**OPORTUNIDADES** • perspectivas positivas na carreira • renda em crescimento • lançar novo livro • palestras • vínculo a instituições sólidas • Ibovespa bombando	**AMEAÇAS** • estresse • violência no país • governo populista • excesso de impostos

- **Plano B.** Também conhecido como plano alternativo ou de fuga, é a estratégia para quando o plano principal não funciona. Muita gente entende como plano B a típica decisão emergencial, como vender o carro para pagar as contas em um período de desemprego. Isso não é um plano, mas sim uma solução precária diante de uma emergência. Um plano B é, por exemplo, ter uma reserva financeira para cursar uma pós-graduação ou especialização caso se venha a ficar desempregado. É aquela estratégia muito bem pensada e periodicamente revisada para ser colocada em prática caso a ideia principal não surta efeito. Requer tempo, mas ter uma alternativa pronta em caso de imprevistos torna a vida bem menos sofrida. E não é exagero afirmar que boa parte de meu sucesso profissional se deve a meus planos B – um deles era escrever um livro caso as vendas da empresa canadense não decolassem, e foi nesse contexto que comecei a organizar *Casais inteligentes enriquecem juntos*, meu maior best-seller. É assim que muitos pedem demissão e fazem nascer uma nova e brilhante carreira.

- **Debates, muitos debates.** Especialistas em estratégia costumam recomendar que falemos menos e ouçamos mais. Quem fala demais supostamente abre a guarda para concorrentes. Mas eu, particularmente, tenho ressalvas a essa postura. Quando se trata de planos complexos, intensifico meu contato com amigos, familiares e todos que amo para expor, em detalhes, minhas ideias, ambições e preocupações. São essas pessoas que se importam comigo que apontam minhas falhas e sugerem alternativas e planos B. Sem contar que muita conversa com amigos queridos significa muitos encontros e muitas risadas. Essa costuma ser a melhor parte do planejamento.

Outras técnicas sempre são bem-vindas para refinar a escolha que estamos para fazer. Mas, ao longo do tempo, tanto eu quanto meus alunos testamos diversas e essas quatro sempre sobressaíram. São elas que uso, por exemplo, para decidir um destino e fazer planos de viagens de férias – e eu me orgulho bastante de todas as viagens que fizemos em família. No dia em que cansar de ensinar finanças poderei até trabalhar com turismo (olha o plano B aí!).

Rever escolhas

Voltemos à necessidade de rever as grandes escolhas. Lembre-se de que, se é preciso reduzir gastos, dezenas de iniciativas para economizar podem até ajudar, mas por pouco tempo. Na melhor das hipóteses, a inflação sobre suas economias será maior do que a evolução de seus ganhos, o que dissolverá, com o tempo, os resultados obtidos. Acrescento aqui a ressalva de que pessoas com problemas financeiros têm chances bem menores de evoluir na carreira, pois, enquanto perdem tempo apagando incêndios e revendo contas, o colega mais organizado está descansando os neurônios ou fazendo um curso on-line ou uma especialização.

Se você não está conquistando o que quer, precisa rever seu estilo de vida. E o *orçamento base zero* lhe dá uma dimensão clara dos recursos à sua disposição para o que seria o padrão de vida ideal para você. Para entender melhor esse conceito, darei aqui um exemplo de orçamento simplificado, que analisaremos juntos.

Considere uma família que ganha R$ 5 mil por mês.[9] Seus gastos estão distribuídos da seguinte forma:

RECEITAS	R$ 5.000
Moradia[10]	R$ 2.000
Educação	R$ 1.000
Transporte	R$ 1.000
Alimentação	R$ 500
Saúde	R$ 500
Lazer	–
Investimentos	–

A família não investe e não tem verba para lazer (qualidade de vida). E, ciente da necessidade de reequilibrar suas contas, refaz seu orçamento invertendo a ordem das escolhas. Decide destinar, mensalmente, R$ 500 para investimentos e R$ 200 para lazer, um total de R$ 700 a ser retirado do orçamento que já estava esgotado.

Algumas opções que a família tem são:

---

[9] Utilizei esse valor apenas para facilitar as contas. A reflexão aqui vale tanto para uma família que ganha R$ 2 mil mensais quanto para uma que recebe R$ 200 mil.
[10] Incluí contas de consumo, como água, luz, telefone e internet.

- Reduzir o gasto com moradia;
- Matricular o filho em uma escola pública;
- Mudar a forma de se locomover ou se mudar para perto do trabalho.

Estou considerando que a família já adotava hábitos racionais de alimentação e saúde, visto que não contava com reservas. Se não adotava, temos ainda a possibilidade de mudar o plano de saúde, deixar de comer fora, selecionar melhor o cardápio e evitar perdas de alimentos. Não entrarei ainda em detalhes sobre esse tipo de ajuste por considerar que se enquadra na categoria das medidas paliativas – resolve, mas por pouco tempo. Eu quero mudanças DEFINITIVAS em sua vida.

Preconceitos

Ciente de que o orçamento já estava apertado, você passou meses pesquisando imóveis até encontrar a moradia em que estão hoje. Cogitaram um financiamento, mas o crédito não foi aprovado. Infelizmente, na sua opinião? Para mim, felizmente – sua situação poderia estar pior com as amarras e o alto custo de um financiamento.[11] O imóvel alugado em que vivem já não era o ideal na época, é pequeno, não está em uma localização excelente, nem sequer foi totalmente decorado. Mas era o que dava e dá para pagar. As opções mais em conta eram ou muito velhas, ou muito distantes da família, ou em uma vizinhança desagradável. Nessa situação, será possível reduzir o gasto com moradia?

Pondere: quais foram as variáveis que você estabeleceu para concluir que não tem mais opções? Sua moradia não pode distar mais do que 5 quilômetros da casa de seus pais? Ou precisa estar no bairro

---

[11] Discuto a infelicidade de financiar a moradia em vários dos meus livros. Se nunca leu a respeito, comece por *Dinheiro: Os segredos de quem tem*.

Se você não está conquistando o que quer, precisa rever seu estilo de vida.

@ gustavocerbasi

em que você cresceu? Precisa ser na mesma cidade em que você trabalha? Precisa ser próxima à escola? Qual escola? Existem alternativas? Precisa ser um apartamento? Precisa estar na zona urbana?

Sim, existem opções. Existem outros bairros para viver. Outras cidades para trabalhar. Outras regiões do planeta para fazer a vida que sua profissão ou sua atividade atual permitem pagar.

Há também a possibilidade de tirar o filho da escola privada e matriculá-lo na escola pública. Pode parecer um absurdo diante da má qualidade em que dizem estar o ensino público. Mas a questão é: *qual* ensino público está ruim? O daquele bairro em que você insiste em viver? Será que o ensino público de cidades menores é tão ruim quanto? Será que é o ensino que é ruim ou o desinteresse dos pais pela escola é que pode estar afetando a educação?

Não ignoro a importância de uma boa educação. Na Pesquisa Nacional por Amostra de Domicílios (PNAD), do IBGE, o nível de instrução aparece como determinante para a renda dos brasileiros. Na mesma pesquisa constatou-se que, em 2017, o profissional com faculdade ganhava o triplo daquele que só tinha o ensino médio. Porém, a pesquisa trata de escolaridade, e não de custo com educação. Também ignora importantes transformações que estão em andamento no processo educacional e no mercado de trabalho, que discutirei no capítulo 8. Hoje, a educação avulsa (que enquadro no item qualidade de vida do orçamento familiar) ganha uma importância crescente sobre a educação formal.

Há países em que o ensino público gratuito é equivalente ou superior ao privado. Nesses países, muitos pais praticam o *home schooling*, ou educação em casa, por acreditarem que o que têm para ensinar a seus filhos é mais importante do que o que a escola ensinaria. Tem até material governamental gratuito para esse tipo de ensino. Se a educação está entre as escolhas mais importantes, você considerou a possibilidade de imigração?

Não estou sugerindo que, para economizar, você lance seu filho em uma escola pública, ou deixe-o em casa enquanto *tenta* educá-lo, ou que jogue tudo para o alto e vá arriscar atravessar a fronteira de outro país. O que estou querendo dizer é: *existem opções*.

Depois dessa provocação sobre moradia e educação, discutir a economia no transporte ficou simples. Já é assunto corriqueiro o descarte do automóvel. Ele, definitivamente, não é necessário – pelo menos o automóvel *próprio* não é.

Nas grandes e médias cidades, o econômico uso de transporte por aplicativos já está amplamente disseminado. Há lugares do mundo em que a tecnologia ainda esbarra em lobbies de taxistas e sindicatos e outros interesses escusos, mas todos sabemos que esse é um caminho sem volta.

Em cidades com trânsito mais complicado, é crescente a oferta de equipamentos compartilhados, como bicicletas, patinetes elétricos e, dependendo do nível de desenvolvimento do país, automóveis elétricos compactos, segways e até helicópteros. Sentiu a necessidade, instale o aplicativo e use, pagando por hora.

Em cidades mais remotas, sem esses serviços de compartilhamento e de transporte por aplicativo, existe a possibilidade de aluguel do automóvel, que em pacotes de uso regular é comprovadamente mais econômico do que manter um carro próprio na garagem. Sim, além dos gastos que você já conhece, pondere sobre manutenção, impostos, perda de valor, custo de oportunidade do valor investido e flexibilidade de mudar o tamanho do carro de acordo com a necessidade, e você terá uma economia generosa no orçamento.

Em 2016, decidi vender meu Subaru Forester, que me custava, na planilha, cerca de R$ 3 mil mensais. Não vendi por necessidade, mas simplesmente por constatar que ele ficava muito tempo parado na garagem, já que eu saía muito com a Adriana, que tinha um carro maior. Passei a andar de táxi e Uber, que na minha rotina intensa de compromissos me custavam cerca de R$ 1.200 mensais. Ao fazer a conta, me convenci a não comprar outro carro, e assim fiquei por quase três anos.

Recentemente, discutindo com meus alunos na comunidade fechada que temos e falando sobre tais oportunidades de economizar, surgiu um debate interessante. Em um rápido levantamento, constatamos que muitos dos alunos e eu também vínhamos pagando por serviços que não estávamos usando. Essa constatação foi feita em cima de um tipo de conta que se costuma revisar com frequência: a de telefonia e internet. Eu, pelo menos, reviso os gastos anualmente e recomendo que todos façam o mesmo.

Percebemos que a maioria de nós ainda tinha, em nossos pacotes de serviços, uma minutagem de ligações fixas (que quase ninguém faz mais) e uma minutagem de ligações celulares – que muita gente ainda utiliza, mas que são perfeitamente substituíveis por mensagens e ligações através de aplicativos que precisam apenas de acesso à internet. Conclusão: quem tem acesso à internet, hoje, nem sequer precisa de serviço telefônico.

Com essas reflexões, um orçamento como o que discutimos anteriormente pode passar por transformações desta natureza:

RECEITAS	R$ 5.000	RECEITAS	R$ 5.000
Moradia	R$ 2.000	Moradia	R$ 1.500
Educação	R$ 1.000	Educação	R$ 600
Transporte	R$ 1.000	Transporte	R$ 1.200
Alimentação	R$ 500	Alimentação	R$ 500
Saúde	R$ 500	Saúde	R$ 500
Lazer	–	Lazer	R$ 200
Investimentos	–	Investimentos	R$ 500

No caso acima, pode-se considerar, por exemplo, que a mudança para um bairro mais distante e com imóveis mais baratos resultou em um deslocamento maior e aumento do custo com transporte. Também podemos considerar que a família optou pelo ensino público gratuito, mas passou a gastar com aulas de idiomas, Kumon ou reforço.

Pare e pense. Você tem opções, só não as aproveita por preconceito ou porque não parou para pensar.

Recomeçar

Dá para reduzir o padrão de vida quando se mora de favor, só se gasta com comida e remédios e ainda há dívidas acumuladas?

Fiz essa pergunta no capítulo anterior, para exemplificar um cenário familiar genuinamente dramático. Existem situações em que, realmente, não há como continuar. Se o rendimento do trabalho, ou dos bicos feitos enquanto se busca novo trabalho, não permite sequer custear o mínimo de dignidade para a família, é porque algo está errado – a vida que você escolheu levar (por exemplo, a cidade onde mora) não é compatível com o emprego que você tem, a atividade que exerce ou as capacidades que adquiriu.

É preciso mudar. No entanto, sem dinheiro, é inviável custear a mudança de residência ou um investimento em educação para dar uma reviravolta na vida. Em muitos casos, é preciso *recomeçar*, o que eu entendo como o processo de:
- Liquidar totalmente a vida atual, desfazendo-se da moradia e dos bens adquiridos;
- Desvincular-se da ideia de que você tem um emprego e vive em um determinado bairro;
- Avaliar onde suas habilidades são mais necessárias e mais bem remuneradas;
- Avaliar o custo de vida no bairro, cidade, estado ou país onde você estará mais bem empregado;
- Avaliar se, para conseguir um novo emprego, é preciso desenvolver alguma nova habilidade (por exemplo, aprender um idioma para trabalhar em outro país ou obter um certificado para ser contratado formalmente);
- Elaborar um planejamento com base no que você pode ganhar, nos objetivos que quer construir e no padrão de vida que pode bancar, sem abrir mão de qualidade de vida.

O mesmo raciocínio vale para as famílias com renda elevada, mas que não conseguem colocar em prática planos de aposentadoria, ou de garantir bons estudos para os filhos, ou de contratar seguros ou fazer reservas que permitam manter o patrimônio. Quanto mais se posterga a busca do equilíbrio, mais doloroso será o reconhecimento da incapacidade de manter o padrão de vida. Por que não, simplesmente, *mudar*?

Nessa situação, ficamos mais sensíveis. Estamos sob pressão e com menos flexibilidade e paciência para lidar com novos problemas. Pequenos incidentes, como um furto ou um susto típico da violência das grandes cidades, aos quais somos mais suscetíveis quando estamos mais ansiosos e menos focados, tendem a nos afetar mais do que o normal. É comum, em um cenário de dificuldades, nos encantarmos pelos aspectos positivos de outras culturas e nos motivarmos a jogar tudo para o alto e imigrar – afinal, a grama do país vizinho é muito mais verde do que a nossa!

Cuidado! Ao recomeçar, será muito mais fácil se você puder pular algumas etapas. Ao mudar de faculdade, devemos considerar quais matérias cursadas podem ser aproveitadas como créditos no novo curso. Ao "mudar de vida", será muito menos sofrido contar com etapas já percorridas. Por exemplo, ao mudar para outro país, absolutamente tudo será novo: do estilo de vida à forma de contratar seguros, do histórico de crédito ao conhecimento sobre investimentos, da carência do plano de saúde à adaptação dos filhos à escola. Tantas novidades podem pesar, principalmente, porque nesses momentos de grandes transformações é mais comum cometermos erros.

Se a ideia é mudar, por que não o fazer dentro de sua própria cultura?

Por exemplo, deixar a vida na cidade para viver no campo? Trocar a praia pela montanha? O calor pelo frio? A cidade atual por uma onde o ensino público seja eficaz? O emprego atual por outro que pague menos, mas em uma região com custo de vida muito menor?

Distância

Seguramente, o argumento mais comum contra grandes mudanças de vida é a distância de pessoas queridas. Refiro-me àqueles que vivem no Brasil ou em outro país de cultura latina, onde o convívio familiar é frequente, intenso e intrometido (com cobranças de quando vem o próximo filho e de onde você vai viver e por que vai mudar para lá). É bem diferente da cultura anglo-saxã, em que filhos são estimulados a partir do ninho e viver independentemente.

A independência tende a gerar mais responsabilidade e mais riqueza. Os ingleses conquistaram o mundo mandando para as colônias aqueles que não tinham espaço no apertado Reino Unido. Os Estados Unidos são o único país continental com desenvolvimento uniforme de seu imenso território. Seus filhos se formam e partem para viver onde vale a pena, não onde papai e mamãe moram.

No Brasil, a favelização das grandes cidades é resultado da falta de distribuição de oportunidades, concentradas em poucos lugares, para onde se destina todo tipo de mão de obra (qualificada e não qualificada) para disputar um número de vagas muito menor do que a demanda. Sem emprego, sem oportunidades, sem dinheiro para retornar e sem a atenção do Estado, mas com uma renda de bicos superior ao que ganhava na origem, mais um irmão é abraçado pela comunidade. Viver onde muitas pessoas estão na mesma situação é confortante, apesar de não ser confortável. Assim se fortaleceram as favelas.

Falta esclarecimento à população. Não se deve migrar em busca de maiores ganhos, mas sim em busca de melhores resultados para a vida. Se a situação está difícil, pode ser que tenha havido falhas no processo de educação, o que é ruim. Mas é menos ruim quando você busca oportunidades de trabalho e de novos aprendizados onde você tem referências pessoais, em comparação à busca de oportunidades onde você não é ninguém (isso vale para a tentativa de viver em outro país).

O ideal mesmo é avaliar suas capacidades e pesquisar onde elas são necessárias. Utilizar a matriz SWOT para discutir em família os prós e contras da mudança. Distância dos pais e amigos? Hoje se viaja a um custo muito baixo, mesmo de avião. E, normalmente, quem está distante costuma se disciplinar para manter contato frequente. Eu sempre vivi perto de meus pais, exceto quando estive no Canadá. Nossa rotina no Brasil era de encontros semanais, de vez em quando pulando um fim de semana em que eu estava com amigos. Quando vivia em Toronto, o contato com meus pais passou a ser diário, pela internet. Nos mais espaçados reencontros, os abraços eram melhores. A distância não é desculpa para você não viver melhor. Você, definitivamente, tem opções.

5
A riqueza da vida simples

Extremos

A vida em favelas ou comunidades tem suas limitações e dificuldades, a maior parte decorrente da desatenção do poder público. Há sofrimento e violência, mas também há identidade e acolhimento. A geração nascida em favelas – justamente aquela que passou a chamá-las de comunidades – orgulha-se e identifica-se com seu berço, com sua identidade cultural e com o potencial de transformação desses lugares. Para essas pessoas, o devido cuidado com o planejamento pode proporcionar uma vida tão ou mais digna do que aquela que se leva dentro dos muros de um condomínio de luxo.

Ao me referir a esse estilo de vida, portanto, não o faço de forma a rotular uma favela como um estilo de vida pobre. Pesa a favor desse argumento o fato de que, em muitas das grandes cidades brasileiras, o aluguel de um barraco numa comunidade chega a custar mais do que o aluguel de uma casinha de dois quartos em uma cidade pequena. Porém, o ambiente eventualmente tenso leva muitos de seus moradores a *sonhar* com uma vida mais tranquila, longe da violência, da falta de saneamento, da dificuldade para chegar ao trabalho.

Sonhos viram planos, que se concretizam quando são devidamente organizados.

Ao planejar uma nova vida, o cenário deixa de ser, por exemplo, "como organizar a renda familiar de R$ 2.000 vivendo na comunidade" e passa a ser "como viver bem ganhando R$ 2.000".

Pondere suas habilidades e onde elas podem ser desempenhadas. Já pensou em prestar um concurso público em um estado com menor demanda? Candidatar-se a vagas em outra cidade? Buscar emprego onde há boa oferta de cursos noturnos profissionalizantes?

Dependendo do destino escolhido, sua opção pode ser trocar uma casa simples, insegura e cara na cidade por uma casa mais simples, ampla e barata em uma região mais pacata ou rural. O seu salário lhe paga uma vida digna em qual região? Ou, em outras palavras, como e onde vivem as pessoas que são felizes com seu nível de renda?

O mesmo raciocínio vale para diversas escolhas da classe média. Talvez você esteja se sentindo financeiramente sufocado, mas ilusoriamente satisfeito com o padrão de vida que sua família leva. Talvez tenha estudado possibilidades de viver em outro estado ou país, mas não viu vantagens significativas – afinal, você já mora perto de boas escolas. Lembre-se: a classe média é a camada social que mais sofre em um país mal administrado. Paga impostos pesados, mas não tem acesso a boas escolas e bons tratamentos de saúde. Precisa pagar escola privada e plano de saúde. Paga IPVA, mas seu carro, popular e frágil, não aguenta as ruas mal pavimentadas, o que encarece a manutenção. Os impostos que paga não garantem sua segurança, mas também não tem recursos para blindar a casa.

Ao considerar se mudar para outro país, as pessoas normalmente analisam os custos que terão com o aluguel de uma casa, a compra de um automóvel, o combustível do carro. Numa comparação entre o custo de vida no Brasil e no exterior, há outro fator importante: quanto você recebe em troca dos impostos que paga? Muitos tomam a decisão de imigrar porque percebem que terão uma queda vertiginosa nos gastos com educação e saúde, e irão receber, em troca, um serviço público de qualidade e que indeniza de maneira justa em caso de falhas. Mas, por outro lado, sua matriz SWOT pode lhe mostrar, por exemplo, o peso da decisão de se afastar da família. Ponto a ponderar.

Pare e pense. Uma vida em um condomínio de luxo vale o que custa? A casa ampla, os empregados, jardineiro, piscineiro e afins, mais a manutenção periódica, certamente têm um peso no orçamento. A blindagem contra a violência, o custo com a segurança, o isolamento da sociedade serão benéficos aos filhos? O belo carro exclusivo, que dá para pagar, significará quanto em perdas lá na frente? Não questiono aqui as paixões de cada um. Mas fato é que nove em cada dez pessoas que vivem em condição glamourosa o fazem sem cuidar da sustentabilidade de suas escolhas. O sofrimento futuro é previsível e pode ser evitado. Para esses, buscar um padrão de vida 10% mais barato seria extremamente transformador e libertador.

O outro extremo

Para concluir esse raciocínio, em que expus possibilidades de simplificação da vida, quero refletir também sobre o caminho inverso. O cenário agora é de alguém que vive em um lugar seguro, em uma casa confortável, espaçosa e com piscina, ou então em uma casinha simples mas com um rico pomar nos fundos. Nada falta à família, que tem aquela vida do interior generosa em frutos, amizade e tranquilidade.

Mas, nesse cenário, talvez sobrem ambições. A vontade é de dar a volta ao mundo, fazer uma especialização no exterior, garantir uma faculdade privada de primeira linha na capital, mas tudo isso custa caro. A renda, no interior, oferece fartura naquilo que é típico da região, mas não permite ambicionar muito além disso.

Seria o caso de avaliar, por exemplo, se sua capacidade de trabalho ou de negócios geraria mais resultados em uma cidade grande como São Paulo ou Londres, ideais para relacionamentos profissionais e oportunidades de carreira. É provável que todo trabalhador ou empresário bem-sucedido em cidade pequena já tenha feito essa conta: a mudança custaria muito caro! Afinal, viver com o mesmo conforto com que se vive no interior custaria quatro ou cinco vezes mais na cidade grande.

É verdade. Porém, pensando assim, jamais alguém achará sensato mudar do interior para uma metrópole. O erro está justamente em tentar manter o que se considera o *mesmo conforto*. O bem-estar, a liberdade e a leveza que se tem em uma vida interiorana jamais existirão em uma cidade grande. Simular essa vida pode custar fortunas. Mas, se considerar a hipótese de deixar sua vida de rancho em troca de um loft compacto e moderno na cidade, numa região central com bom comércio e transporte público que lhe garanta mobilidade, pode ser que você até pague um pouco mais para viver, mas estará exposto a mais oportunidades de crescer. Residência compacta e um orçamento leve que permita visitar a família que mora longe e também aproveitar o que uma cidade grande tem de interessante: gastronomia, cultura, entretenimento, experiências.

Simplicidade, mesmo em uma vida mais complexa. Lembre-se de pensar sempre: dado o cenário, qual a melhor forma de viver com a limitação de recursos que tenho?

O efeito cascata dos gastos

Além do foco em qualidade de vida (ou seja, naquilo que faz você mais feliz) que desenvolvi até agora, há o viés puramente financeiro (ou matemático) em uma escolha de simplificação do padrão existente. Suponha que, em busca de reduzir o seu gasto com moradia, você opte por um imóvel um pouco mais compacto e 10% mais barato, seja em custo de aluguel ou parcela de financiamento. Sua economia final, muito provavelmente, será bem maior do que esses 10%, em razão do efeito cascata da cadeia de gastos.

Um imóvel mais compacto e barato tende a ter imposto sobre propriedade[12] mais baixo, condomínio e seguro mais em conta, consumo de energia menor e um custo também menor para decorar. Tecnicamente, já era esperado que esses gastos, também existentes na moradia original, ficassem menores no orçamento.

Porém, o que poucos percebem antes de mudar para um novo local é que imóveis mais econômicos tendem a se localizar em bairros mais econômicos. Condomínios mais populares ou adequados para famílias jovens, idosos ou estudantes normalmente se localizam em áreas menos nobres, onde o custo do aluguel do metro quadrado é menor tanto para os imóveis residenciais quanto para os comerciais. Isso significa que, nesses bairros, provavelmente o supermercado, a feira e a padaria também serão mais baratos, assim como o litro dos combustíveis e os preços do comércio e dos restaurantes.

Não se trata de preços menores em razão da menor qualidade, mas sim do menor custo para montar e manter um negócio. Quem mora perto de um shopping center, por exemplo, pode pagar mais por esse conforto. Se optar por ir ao shopping de carro, já começará com um custo maior por causa da cobrança de estacionamento e, mesmo que vá a pé, suas compras sairão mais caras por embutirem no preço o custo de aluguel e a comissão de vendas que os comerciantes pagam à administração do shopping.

O efeito cascata vale também para automóveis. Um veículo mais simples tem todos os custos menores: imposto sobre propriedade,[13] seguro, manutenção, combustível e também menor perda de valor de revenda (já que a manutenção é mais econômica) e menor propensão a levá-lo a se preocupar com estacionamentos.

Na verdade, o efeito cascata vale para todas as grandes escolhas. Se seu filho estuda em uma escola mais cara, provavelmente você gastará mais com material, excursões, aniversários e hábitos de fim

---

[12] No Brasil, IPTU – Imposto sobre a Propriedade Territorial Urbana (imposto municipal).
[13] No Brasil, IPVA – Imposto sobre a Propriedade de Veículos Automotores (imposto estadual).

de semana dos colegas de classe. Se você consegue pagar uma viagem mais sofisticada, gastará mais com experiências extras, gorjetas e gastronomia.

Cuide bem do seu jardim

Nas grandes cidades, os argumentos para fazer compras em shopping centers vão além da simples comparação de preços. Muitos preferem esse tipo de local por razões como segurança, variedade de opções, conforto, ar condicionado e serviços de conveniência, como banheiros, ambientes para bebês e praças de alimentação.

Porém, não se pode desprezar o fato de que grandes shopping centers, ao atrair consumidores por conta dessas conveniências, retiram consumidores do comércio local. Problema dos comerciantes, certo? Errado. Esse tipo de situação afeta diretamente suas finanças, mesmo que você prefira e possa pagar pelo conforto do shopping.

Se o comerciante que tinha uma loja de roupas, uma quitanda ou uma livraria perto de sua casa passa a ter prejuízo e fecha as portas, acontece um efeito cascata que chegará a seu patrimônio. Seu imóvel, que certamente tinha um valor a mais por contar com comércio nas redondezas, pode sofrer uma depreciação. Se esse efeito persistir, os pontos comerciais permanecerão fechados e poderão sofrer vandalismo, deteriorando mais a vizinhança. Imóveis vazios normalmente acumulam sujeira, pragas e não recebem cuidados de fachada, de calçada e de árvores e jardins. Quando um bairro entra em decadência, o valor dos imóveis e do patrimônio de seus proprietários também é corroído.

Por isso, é extremamente enriquecedor valorizar o comércio e a produção locais. Um comerciante bem-sucedido lucrará mais e fará melhorias na loja e na fachada. Quanto mais o negócio crescer, mais ele tenderá a utilizar serviços do bairro, como entregas, galpões, embalagens e similares. Também terá maior poder para pleitear melhorias junto aos órgãos públicos.

Talvez você constate que o comércio próximo a sua casa tem preços mais altos do que no bairro vizinho, mais popular. Em vez de dedicar tempo e combustível a se deslocar até lá, experimente barganhar com o comerciante local com o argumento da fidelidade. Quem compra sempre no mesmo local merece descontos que o comprador eventual não recebe. Pesquise preços e peça a seu vizinho que cubra a oferta do concorrente. Se ele presta um serviço ruim, oriente-o, como bom vizinho, a trabalhar melhor. Dê exemplos de locais que prestam bom serviço. Ele irá se interessar por sua crítica construtiva. Se você realmente prefere os serviços de um shopping center, opte então por um perto de você, pelos mesmos motivos. Você tem muito a ganhar com o fortalecimento de quem está próximo.

Como morador do meu bairro, eu me preocupo com ele. A atitude cidadã inclui ligar para a prefeitura para cobrar segurança, asfalto e limpeza, além de ajudar a varrer e recolher lixo da calçada do vizinho, assim como colocar frutas na janela para os passarinhos. Se um de seus vizinhos for um folgado, ajude outro que corresponda a sua atitude. Mas não deixe de cuidar bem do seu jardim, senão os pássaros vão embora e, com eles, a felicidade e o valor de seu patrimônio.

A decisão de viver no campo

Passei boa parte dos fins de semana de minha infância no interior de São Paulo, entre Americana e Itupeva, onde vivia a maior parte da família de meu pai. Nós éramos de São Paulo, vida urbana, mas minhas melhores memórias de infância são dos momentos com a família no ambiente do campo. Acredito que uma de minhas maiores riquezas foi crescer na cidade, mas com experiências do campo.

Quando nossos filhos nasceram, eu e Adriana entendemos que oferecer a eles uma oportunidade semelhante seria extremamente enriquecedor em termos de experiências, atividades físicas e socialização. Fomos atrás de uma chácara para alugar por alguns meses – a melhor solução para quem ainda está formando patrimônio para sua independência financeira. Mas, na negociação, recebi uma boa oferta (o mercado estava em recessão e o proprietário precisava de recursos) e fechei o negócio – um amplo terreno em uma colina, com vista para a mata e uma casa espaçosa, na bucólica região vinífera de São Roque.

Desse dia em diante, nossa vida mudou. Passamos a reunir mais os amigos e familiares, sem a preocupação de entreter as crianças. Qualquer pequeno investimento em diversão é amortizado rapidamente: folhas de papelão para deslizar na grama, cama elástica que fica ocupada quase 24 horas por dia, tratamento de piscina que custa menos do que uma ida ao cinema. Churrascos, feijoadas, festivais de massas e rodízios de pizzas passaram a ser mais frequentes em nossa vida, com a diferença de serem preparados em casa.

No pomar, procuramos ter frutas diferentes para cada época do ano, buscando sempre ter o que colher do pé. A horta fornece fartamente o ano todo. Passamos a comer frutas e verduras mais saudáveis e sem defensivos tóxicos. Sobraria muita fruta nos pés, não fossem tantos os pássaros, saruês e quatis na região. O clima ameno, já quase de montanha, faz suar durante o dia e convida ao fogo durante a noite. Redes, para cochilar, são equipamento necessário e disputado. O ambiente é tão tranquilo que os dois dias do fim de semana são suficientes para nos revigorar para a semana intensa de trabalho.

Talvez o único ponto desfavorável seja ver muitos amigos comentarem sobre filmes e séries de TV e nós não termos esse hábito, já que a maior parte de nosso tempo, nos fins de semana, é dedicado a conversas, leituras, quebra-cabeças, passeios com os cães, futebol, piscina e preparação da comida à beira do fogo. A gente costuma dizer que a vida está corrida demais para ver televisão.

Ainda não sabemos se viveremos nessa casa nossa velhice, nem até quando a manteremos. Lá o tempo corre devagar, e as preocupações com decisões também. O tempo é usado mais para viver.

Essa é a vantagem da vida no campo. Lazer a custo baixo, alegria de plantar e colher do próprio quintal, facilidade e espaço para reunir pessoas queridas, lições de vida e de sociedade para as crianças. Experiências valiosas que simplificam o importante papel de educar e a necessária tarefa de descansar. Adquirir nossa casa de campo foi um grande negócio, em todos os aspectos.

Você pode estar se questionando: se eu mal consigo pagar uma moradia na cidade, teria que comprar ainda uma casa de campo para viver melhor? Não, não necessariamente. Eu fiz o que tinha que ser feito para poder fazer o que quero hoje. Comprei meu segundo imóvel após conquistar a independência financeira e tomando os cuidados financeiros e estratégicos para não perdê-la. Se você ainda está na escalada, precisa usar a cabeça para *alcançar seus objetivos diante das limitações do cenário*.

Por exemplo, faça as contas de quanto você desembolsa nos fins de semana de lazer urbano, nas famosas idas ao shopping. Quanto gasta com pequenas viagens em família? E com as férias, incluindo ou não viagem? Quem organiza corretamente as contas sabe que férias sem atividades programadas podem custar mais caro do que pequenas viagens. Some esses valores e veja quanto dá por ano.

Depois, faça uma pesquisa de quanto custa o aluguel de uma casa de campo ou de praia *por uma temporada* (pelo menos três meses). Descarte as datas festivas, como Natal, Ano-Novo, Carnaval, Páscoa e férias de julho, e faça uma cotação de aluguel por um período mais longo – tradicionalmente o valor por mês será equivalente ao de uma semana entre o Natal e o Ano-Novo.

Ficou caro? Cogite alugar uma casa maior e dividir com pessoas queridas, ou então alugar em grupo e fracionar o uso por fins de semana – cada família em uma semana. Você perceberá quão vantajoso é abrir mão daquele resort na semana do Ano-Novo para desfrutar de experiências mais intensas, duradouras e confortáveis com sua família. Uma vida simples, quando bem escolhida, pode ser extremamente rica para a família.

Vida boa

Moro num lugar
Numa casinha inocente no sertão
De fogo baixo aceso no fogão,
Fogão a lenha, ai, ai.

Tenho tudo aqui,
Umas vaquinha leiteira,
Um burro bão,
Uma baixada ribeira e um violão
E umas galinha, ai, ai.

Tenho no quintal uns pés de fruta e de flor
E no meu peito, por amor,
Plantei alguém.

Conheci a música "Vida boa", de Victor & Leo, em uma apresentação na escola em que meu filho Guilherme estudava quando tinha 4 anos. A canção mexeu comigo porque me remeteu imediatamente à minha infância, à minha família no interior, ao que me encantava nas reuniões familiares, às coisas que sempre apaixonaram meu pai, a uma vida que tive antes de saber o que era dinheiro e que sempre me fez questionar por que as pessoas buscavam caminhos tão diferentes desse.

Confesso (esta nem a Adri sabia!): comprei nossa casa de campo em São Roque bastante motivado por essa música. Eu a cantava mentalmente enquanto fazia contas, no momento da negociação. Emocional? Não, eu chamaria de decisão *intencional*. Trata-se de dar *significado* às escolhas.

Com três filhos, nossos gastos domésticos já tinham parado de crescer há algum tempo. Meu cunhado sempre me disse uma verdade: família grande não é convidada para a casa dos outros com a mesma frequência que uma família pequena. Os amigos com família pequena não estão habituados a receber no estilo bufê. Nossa rotina já era mais caseira, com passeios criativos e inteligentes, programas culturais mais econômicos.

Vínhamos fazendo viagens curtas, de fins de semana e feriados, com o objetivo de envolver as crianças em uma rotina mais saudável e movimentada. Nossa preferência vinha sendo por hotéis fazenda. Quando nossa caçula, Ana Carolina, fez 2 anos e começou a contar como hóspede, passamos a ter uma dificuldade: nossa família deixou de caber nos quartos-padrão de quatro lugares dos hotéis.

Isso nos gerou dois problemas. Em primeiro lugar, tivemos que passar a nos hospedar em dois quartos. Não foi difícil contornar essa situação, pois os avós sempre gostaram de viajar conosco e um dos filhos entrava como hóspede do quarto deles. Mas o que começou a nos incomodar mesmo foi quando os avós não podiam nos acompanhar e tínhamos que fazer reservas de dois quartos. Tudo bem, eu estava disposto a pagar. Mas, tanto no Brasil quanto em outros países, nem sempre há quartos conjugados – aqueles conectados por uma porta interna. E nenhum hotel permite que crianças durmam em um quarto separadas dos pais, o que faz sentido.

Depois de três ou quatro tentativas de reserva em que a solução proposta pelo atendente foi eu dormir em um quarto e a Adriana, em outro, desistimos dos hotéis. Foi aí que começamos a alugar casas, nos habituamos a gastar menos com hospedagem e mais com refeições fora, até decidirmos ter a nossa casa de fim de semana.

Com ela, veio a percepção do valor que damos a plantar, cuidar e colher. Nossos filhos passaram a comer frutas e sacolés caseiros de frutas com uma vontade que não tinham antes, já que a matéria-prima sai do pomar *deles*. As frutas são mais doces, pois não são colhidas verdes para aguentar a logística de distribuição até o consumo final. São colhidas quando estão a ponto de cair do pé. Nossa salada voltou a ter sabor. Não é mais aquela alface padrão McDonald's, com gosto de água.

Enquanto meus amigos correm em algum lugar à beira do rio Tietê, ambiente podre e malcheiroso, eu passo a roçadeira no gramado de casa. Cuido dos braços, além das pernas. Nosso terreno é em declive, com os espaços divididos em diferentes taludes – então passamos o dia subindo e descendo da casa para a churrasqueira, da churrasqueira para o campinho de futebol, do futebol para o pomar, e de volta para a churrasqueira... atividade boa antes de deitar na rede.

São coisas simples que a família toda curte. Todo dia alguma coisinha para reparar, alguma fruta para deixar para os passarinhos, algum bolo para assar. Assim fizemos nosso lar.

A vida pode ser mais simples. Na verdade, a vida *é* simples, o que complica são os boletos! A dificuldade em reconhecer isso começa quando associamos nossas escolhas a padrões comerciais (jura que você é mais feliz com uma roupa de grife do que com uma que simplesmente o vista bem?!?) e à lógica do "compro se eu posso pagar". Não, não é o "poder pagar" que determina se devemos ou não comprar, mas sim a necessidade ou a utilidade daquilo que pensamos comprar.

O grande desafio é saber nutrir nossas vontades sem transformar isso em um problema – inclusive financeiro. Discutirei mais a fundo essa questão no próximo capítulo.

Status

A vida pode ser mais simples e também mais barata. Talvez, na fase em que você decidiu dedicar quase 100% de sua energia ao crescimento na carreira, faça sentido deixar esse tipo de escolha em segundo plano, aproveitar a oportunidade que o trabalho está lhe trazendo e gastar um pouco mais com conveniências que compensem um pouco os sacrifícios feitos.

Essa é a fase em que corremos o risco de nos enquadrarmos no perfil médio de consumo, ineficiente e insustentável. Você tem que ter uma casa, um carro, um plano de saúde, filhos em uma boa escola e um guarda-roupa em que cada peça vale R$ 100, mas que, com as etiquetas de grife, custa R$ 1.000. Tem que ter mesmo? Ou decidiu ter para ostentar para falsos amigos, apenas por status?

Status é você comprar coisas de que não precisa, com um dinheiro que não tem, para mostrar a pessoas de quem não gosta que você é alguém que nunca será.

Já discutimos esse ponto o suficiente. A questão é que, para conquistar mais objetivos, você precisa abrir mão de parte do seu padrão de vida e começar a formar reservas. Do ponto de vista financeiro, também já analisamos isso.

Porém, do ponto de vista emocional, eu o estou convidando a abrir mão de recompensas presentes – afinal, todo tipo de consumo, inteligente ou não, é uma forma de recompensa – para *talvez* ter uma compensação futura. Pensando bem, no pior cenário, podemos até morrer antes de concretizar nossos sonhos.

Como, então, lidar com nossas escolhas de modo a não deixar de usufruir nossas conquistas em vez de entesourá-las para que apenas nossos filhos as aproveitem? Acredito que aqui está uma das soluções de planejamento mais simples e interessantes que construí para os meus alunos.

Dinâmica da conquista

Imagine que você tem um grande objetivo na vida. Dar a volta ao mundo? Ter uma casa de campo? Comprar uma casa para seus pais? Ter um carro esportivo? Fazer um curso profissionalizante em outro país?

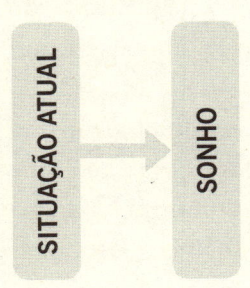

| SITUAÇÃO ATUAL | → | SONHO |

Status é você comprar coisas de que não precisa, com um dinheiro que não tem, para mostrar a pessoas de quem não gosta que você é alguém que nunca será.

gustavocerbasi

Você faz a lição de casa e percebe que, com muitos sacrifícios, conquistará esse objetivo em dez anos. Agora que fez as contas, é só começar a investir e comemorar daqui a dez anos, certo? ERRADO! Você não terá sucesso em planos dessa natureza.

É fácil entender o porquê. Se seus planos giram em torno de uma conquista que acontecerá somente daqui a dez anos, ou oito anos, se contar com sua evolução e seu aprendizado ao longo do percurso, a concretização de seus sonhos estará exposta a grande possibilidade de frustração. Dez anos levam tempo e, para conduzir um plano durante esse tempo, você precisa de *motivação*. Mas, se está fazendo grandes sacrifícios para alcançar seu sonho, provavelmente não estão sobrando recursos para lazer e cuidados pessoais, a tal da qualidade de vida.

Sem cuidados pessoais e sem verba para sair da rotina, sua vida ficará menos interessante. Seu nível de ansiedade poderá aumentar, prejudicando seu sono e, consequentemente, sua produtividade e seus relacionamentos. Você passará a ter que administrar mais problemas, agravando a situação e deixando de dar a necessária atenção a seus planos.

Com isso, aumentam as chances de os planos serem abandonados. Sonhos que outrora viraram objetivos planejados voltam a ser apenas sonhos, afinal você está "passando por uma fase difícil". "Meu sonho, quando passar esta fase, é correr atrás de planos que ficaram engavetados." Já ouviu isso? Não funciona.

Temos um cenário a ser trabalhado. Seus planos, agora, devem ser construídos levando em consideração que, *se o sacrifício for duradouro, as chances de abandonar o plano aumentam significativamente*. Então, devemos definir uma estratégia que:

1. Aumente a motivação para manter a disciplina;
2. Não exija tempo excessivo para que o objetivo seja alcançado.

Uma solução simples para isso envolve dois passos. O primeiro é diminuir o esforço de poupança para alcançar o objetivo, para que seja disponibilizada alguma verba para outros gastos que nos recompensem e alimentem nossa necessidade de motivação. Assim, conseguiremos manter a disciplina de longo prazo.

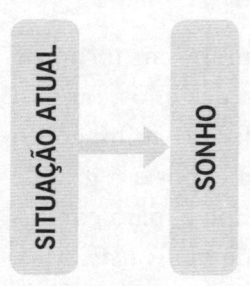

SITUAÇÃO ATUAL → SONHO

O problema é que, poupando menos, levaremos mais tempo para alcançar nosso grande objetivo.

SITUAÇÃO ATUAL ——————————→ OBJETIVO

Mas, com verba disponível, podemos criar objetivos intermediários que se traduzam em recompensas mais frequentes, alimentando nossa necessidade de compensação e nos permitindo manter o foco no plano para alcançar nosso objetivo principal.

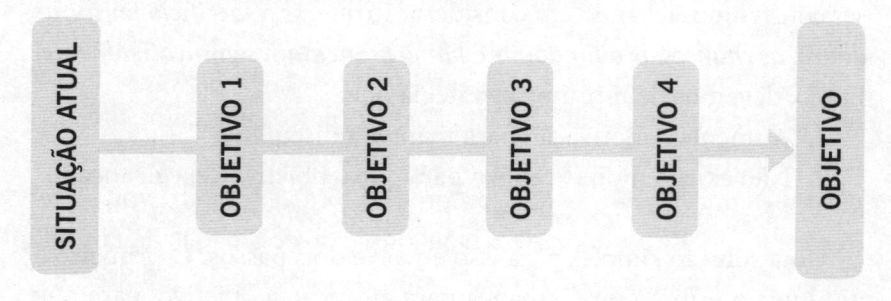

SITUAÇÃO ATUAL → OBJETIVO 1 → OBJETIVO 2 → OBJETIVO 3 → OBJETIVO 4 → OBJETIVO

Talvez você esteja se perguntando: Mas não irei me frustrar com a necessidade de ter que postergar meu grande sonho? A resposta é: não necessariamente. Se seus objetivos intermediários estiverem relacionados ao principal, eles podem intensificar sua paixão pelo objetivo principal e até acelerar o processo de conquista.

Um exemplo pode ajudar na compreensão. Nos itens anteriores, contei a história de como adquiri nossa casa de campo. Eu poderia ter me esforçado para comprar uma casa de veraneio anos antes. Vinha crescendo na carreira, melhorando meu crédito nos bancos, formando reservas que permitiriam pagar a entrada de uma propriedade. Nos fins de semana, íamos às casas de colegas de trabalho e ficávamos maravilhados. Mas eu e a Adriana preferimos continuar construindo e expandindo nossa independência financeira ao mesmo tempo que canalizávamos nossa verba de lazer para um turismo ligado ao campo, a viagens, a dar experiências e liberdade às crianças. Essa escolha nos permitiu explorar diferentes lugares, com diferentes estilos de vida, testando o sentimento das crianças nesses locais.

Se tivéssemos adquirido uma propriedade anos antes, provavelmente estaríamos sufocados por um financiamento (sempre ineficiente) e com reservas financeiras menores. Mas, ao postergar essa decisão, não abrimos mão de dar a nossos filhos o estilo de lazer que consideramos educativo e saudável. Quando tivemos a oportunidade de comprar, fizemos bom negócio em razão da capacidade de pagar à vista.

Outro exemplo pessoal relacionado a um sonho. Sempre gostei de automóveis. A primeira faculdade que frequentei, embora não tenha concluído o curso, foi de Engenharia Mecânica, em razão de minha paixão por automobilismo. Quem gosta de carros normalmente gasta com carros, certo? No meu caso, não deixa de ser verdade, mas, mesmo tendo condições de comprar automóveis esportivos, optei por carros mais funcionais e adequados às necessidades da família. Ao mesmo tempo, não abri mão da minha paixão pelo automobilismo. Sempre andei de kart, frequentei corridas em autódromos, senti o prazer de pilotar. Quando viajo, sempre dou um jeito de encaixar uma experiência em autódromo com algum carro superesportivo.

No lugar de gastar muito com automóveis, gastei muitas vezes valores pequenos, raramente superiores a algumas centenas de dólares, para pilotar máquinas superexclusivas em lugares que fazem parte da história do automobilismo. Nas redes sociais, essa paixão fica evidente, o que me rende convites frequentes para novas experiências, que me custam cada vez menos. Isso me permitirá comprar, algum dia, algum automóvel esportivo ou me inscrever em experiências cada vez mais exclusivas.

Esse raciocínio vale para qualquer conquista. Você quer peregrinar pelo Caminho de Santiago de Compostela? Deveria se planejar para, antes, conhecer outras rotas de peregrinação. Sonha em escalar o Everest? Deveria estar escalando pequenas montanhas todo fim de semana. Quer dar uma casa de campo para seus pais? Deveria alugar uma casa de campo por uma temporada e convidá-los a aproveitar essa oportunidade durante esse período.

Outro bom exemplo é a educação dos filhos. Você sonha em garantir para eles uma boa faculdade privada ou no exterior. Mas fazer as contas é desanimador. Seu esforço de poupança mal comporta o necessário para garantir o primeiro ano de estudos, o que não considera ainda o custo de vida, material didático, processos preparatórios. Sonho inviável? Não, é apenas um sonho que pode ser postergado por três ou quatro anos para que parte de sua poupança possível seja destinada a cursos complementares à escola, atividades extracurriculares, práticas esportivas e outros elementos da formação que, valorizados pelas melhores instituições de ensino, podem garantir bolsas de estudos ou até abrir novos horizontes de carreira que dispensem uma faculdade de primeira linha.

Quanto mais você se envolve com algo relacionado a seu sonho, mais conhece sobre ele, mais aperfeiçoa suas pesquisas e seu planejamento. Isso permite revisar seus planos várias vezes, encontrar caminhos mais eficientes de construí-los e gastar menos para realizá-los. Eu não viajo muito porque posso pagar pelas viagens. Eu viajo bastante porque conheço o assunto e consigo fazer com que meu dinheiro compre mais viagens do que a maioria das pessoas consegue comprar.

Enquanto conhecidos meus gastam R$ 10 mil só de imposto em um carro com cara de esportivo que vai perder muito valor em pouco tempo, eu gasto R$ 2 mil pilotando carros de 700 cavalos a mais de 200 km/h em um autódromo – sem dó de gastar os pneus.

Conquistar um grande sonho não deve ser resultado de privação, mas sim de uma construção. Quanto mais você vive seu sonho, mais entende da construção dele e consegue de forma mais intensa fazer com que ele seja parte de sua vida.

Reduzir o ritmo insano da vida moderna é dar-se a oportunidade de parar e pensar. Devagar para divagar. Quando saímos da rotina e a observamos de longe, percebemos que há uma grande diferença entre o que se precisa aprender para ter um emprego e o que se precisa aprender para criar valor.

gustavocerbasi

6
Autoconhecimento gera autenticidade

Viver o sonho dos outros

Os exemplos que citei no capítulo anterior são baseados em minhas vontades e experiências pessoais e nas de muitos de meus alunos e seguidores. Quem me conhece sabe quanto gosto de viajar. Mas seu sonho não é o que sonham para você, nem é o que faz os outros receberem aplausos.

Todos temos sonhos ou necessidades, mas, estimulados a viver o sonho dos outros, passamos parte da vida simplesmente enterrando os nossos. O que chamo de sonho dos outros é aquilo que querem que você sonhe. Na prática, refiro-me à construção de desejos resultante de um esforço milionário de marketing que associa o sucesso a grifes, posses e símbolos de status. Bombardeados pela mídia, sofremos uma lavagem cerebral que nos induz a modelar ambições de acordo com o que causará o maior número de curtidas na rede social, ou para que possamos nos sentir como se fôssemos o jogador de futebol que, teoricamente, rasga dinheiro com marcas famosas – na verdade, ele ganha dinheiro para usar publicamente as marcas das empresas que o patrocinam.

É perigoso viver o sonho dos outros. Impulsionado pela lavagem cerebral da mídia, você faz loucuras para alcançar um objetivo de consumo. A conquista lhe traz uma sensação de realização e um prazer gratificantes, afinal é resultado de esforço. Mas, não sendo um objetivo verdadeiramente seu, essa recompensa não é duradoura. Em pouco tempo você percebe que falta algo, sente um vazio emocional e então parte atrás de outro sonho, também estimulado por um esforço de marketing.

Esse processo de esforço-recompensa-vazio vai se tornando cada vez menos duradouro e gerando um efeito de ansiedade crescente, que acaba por se transformar em vício. Sem se dar conta, você se vicia em consumo. Em algum momento, estará como um zumbi pelos shopping centers, procurando nas vitrines algo que nem sabe o que é, mas que precisa encontrar para conter sua ansiedade.

O problema é que esse comportamento insano não afeta apenas a sua vida e seu futuro. O consumismo atingiu proporções tão gigantescas e impactou tanto a humanidade nas décadas recentes, que passou a ser enfaticamente estudado e combatido em sociedades com melhor nível de educação.

Sociedade envergonhada

O ser humano se uniu em sociedade de modo a facilitar o processo de satisfazer suas necessidades. Nas sociedades primitivas, grupos de caçadores e coletores nômades se ajudavam mutuamente, partilhando o que conseguiam caçar e colher, defendendo-se de predadores e construindo abrigos em menos tempo para se protegerem das forças da natureza. Quando dominou as técnicas de agricultura, o homem deixou de ser nômade e passou a se organizar em cidades. As cidades eram, basicamente, construídas em torno de mercados que se localizavam nos cruzamentos de rotas de viajantes. Durante séculos, o comércio se desenvolveu e proporcionou às pessoas uma variedade cada vez maior de itens de consumo, atendendo a mais necessidades, facilitando a vida e permitindo à humanidade viver melhor.

Com a revolução industrial, no século XIX, a produção de bens ganhou uma escala muito grande, exigindo dos industriais o desenvolvimento de técnicas para aumentar a necessidade de compra desses produtos. A abundância de bens exigiu a criação de abundância de demanda.

O resultado da produção em larga escala da revolução industrial foi a padronização extrema do consumo. Como dizia Henry Ford, seus consumidores podiam comprar automóveis de qualquer cor, desde que fossem pretos. Roupas foram padronizadas para serem ofertadas nos tamanhos P, M e G. Em fotos mais antigas, todos se vestiam de modo muito semelhante. Nos anos 1950 e 1960, todos "queriam" ter suas casas completamente equipadas com eletrodomésticos que facilitavam a vida. Campanhas de marketing foram criadas para empurrar para o consumidor tudo que era produzido em excesso.

A sociedade, então, se saturou do consumo padronizado do meio do século XX e, por volta dos anos 1980 e 1990, começou a haver um estímulo à individualização. Nesse período, a moda passou a mudar muito rapidamente e os itens de consumo tornaram-se cada vez mais descartáveis.

Produtos feitos em larga escala, mais baratos e pouco duráveis, passaram a ser cada vez mais desejados, graças a um eficiente trabalho de marketing que propagou o processo de esforço-recompensa-vazio pelo mundo todo. O consumo, então, com a ansiedade pela aquisição em níveis nunca antes vistos, se transformou em consumismo, claramente identificável como doença.

O resultado foi um aumento muito grande no nível de resíduos, dejetos e descartes, acelerando a destruição da vida no planeta. Dados de 2019 da ONU Meio Ambiente mostram que a indústria da moda responde por algo entre 8% e 10% das emissões globais de gases-estufa, mais do que a aviação e o transporte marítimo juntos.

É o segundo setor que mais consome água e produz cerca de 20% das águas residuais do mundo. Para conter esse processo de destruição, diversos países se uniram para rever os exageros no consumo. Foram colocadas em prática políticas de conscientização, educação para o consumo, reciclagem e metas de redução da poluição.

A sociedade percebeu que não iria sobreviver por muito tempo. Decidiu rever suas escolhas e fomentar uma reflexão sobre o que é realmente necessário em termos de consumo.

Hoje, as pessoas estão cada vez mais atentas às armadilhas do marketing e do consumo de má qualidade, reavaliando suas escolhas e focando suas decisões naquilo que lhes trará resultado mais duradouro. A educação financeira, nitidamente em expansão, como parte do movimento de conscientização contra o consumo desproporcional, nos convida a questionar cada decisão de compra. Em qualquer livro introdutório sobre educação financeira você encontra a sequência de perguntas que deve se fazer antes de cada compra:

1. Eu realmente QUERO? – Antes, uma boa lábia comercial convencia você a comprar o que nem sabia se queria.
2. Eu realmente PRECISO? – Avalie se é uma necessidade ou se está comprando apenas por impulso.
3. Eu POSSO? – Se você quer e precisa, é importante avaliar se a compra não afetará suas contas a ponto de custar mais caro lá na frente.

Três perguntas simples que, quando feitas antes de ser sacado o cartão de crédito, podem mudar o rumo de sua decisão. Isso tem feito muitas famílias equilibrarem o orçamento de forma leve, sem o sentimento de sacrifício.

Perceba que o planejamento financeiro não é apenas um instrumento para adquirir itens de consumo. Ele também refina nossa capacidade de fazer escolhas, a fim de que possamos conquistar, de forma equilibrada e sustentável, mais qualidade de vida e melhores realizações. No final, podemos dizer que o planejamento financeiro visa assegurar o sucesso dos nossos objetivos e blindar nossas contas para minimizar a possibilidade de perdermos aquilo que nos esforçamos tanto para conseguir. Isso não é apenas uma conquista individual – os resultados positivos afetam a sociedade como um todo.

Autoconhecimento: o desafio

Então, para fazer escolhas de forma mais eficiente, é preciso atentar mais àquilo de que genuinamente precisamos. Porém, é sabido que cada pessoa tem necessidades muito particulares. As necessidades básicas – alimentação, higiene, moradia, saúde – são comuns a todos os seres humanos. Mas cada pessoa, de acordo com sua cultura, formação e referências, tem desejos únicos. Dois vizinhos com padrão de vida igual podem ter necessidades bem diferentes: um sonha em esquiar na neve e o outro, em conseguir arcar com o tratamento de saúde do pai.

O desafio está em parar, pensar em como você gostaria que sua vida fosse conduzida nos próximos anos, entender o cenário e montar planos para isso. Ao mesmo tempo, você precisa se blindar contra os estímulos de consumo, que ainda são muito fortes e presentes.

O problema é que, por falta de tempo para parar e pensar, as pessoas tendem a seguir uma espécie de efeito manada no consumo. Queremos uma celebração de casamento como a que está na moda, uma adega estilosa como a que encontramos no nosso restaurante favorito. Nossos colegas de trabalho compram carros novos e lá estamos nós repetindo a experiência do test-drive que encanta. Em vez de estudar destinos interessantes de viagem, definimos nosso próximo destino com base nos posts de famosos nas redes sociais. A onda vem e simplesmente remamos.

Isso só será mudado quando passarmos a nos conhecer melhor. E não é estudando os outros que aprendemos mais sobre nossos gostos. É preciso estudar a nós mesmos. Sem professor, sem teorias, sem referências externas, desenvolver o autoconhecimento é, seguramente, o mais difícil dos aprendizados.

Minha técnica para isso envolve dois procedimentos que pratico com a maior frequência possível: 1) rodear-me de pessoas queridas, que apontem, com sinceridade, meus erros e pontos fortes e também as ameaças e oportunidades de meus planos; e 2) experimentar coisas novas – quanto mais conheço do mundo, do trabalho e da sociedade, mais opções tenho para identificar o que me apaixona e o que dificulta minha caminhada.

A necessidade de reduzir o ritmo

Para praticar o autoconhecimento, você deve alternar suas rotinas de criação/construção (trabalho) com as de descanso e lazer/experiências. Sem esse cuidado, você se manterá mergulhado na rotina de trabalho, em que sempre esperam algo de você ou você é o *fornecedor*. Praticar autoconhecimento é o contrário: é *receber* das pessoas, pedir feedback.

Sem parar para pensar, terá dificuldade de melhorar e correrá o risco de estagnar. Se você chega em casa do trabalho diariamente e tudo que espera é descanso, sem tempo para se envolver com a família, também estará desperdiçando a oportunidade de encontrar formas de ser melhor para quem o quer bem.

Planeje-se para equilibrar a agenda e reduzir o ritmo. Quanto mais tempo tiver para seus amigos de verdade (não networking), mais oportunidades terá de compartilhar seus planos, suas dúvidas, seus medos, suas ideias e ambições. Mais críticas receberá também, porém críticas construtivas de quem amamos são sempre bem-vindas, mesmo quando doem. Se ouvir opiniões contrárias às suas não for seu forte, essas mesmas pessoas queridas farão você saber disso para que possa trabalhar essa limitação.

Reduzir o ritmo insano da vida moderna é dar-se a oportunidade de parar e pensar. Devagar para divagar. Quando saímos da rotina e a observamos de longe, percebemos que há uma grande diferença entre o que se precisa aprender para ter um emprego e o que se precisa aprender para criar valor. Inevitavelmente, após momentos de descanso, voltamos com mais energia e mais preparados para atividades difíceis. Todo guerreiro precisa dormir o sono dos justos para se manter preparado para o combate.

Meu trabalho é intenso e de grande responsabilidade. Durante 15 anos, fui professor de algumas das maiores escolas de negócios do país, colunista de grandes jornais e revistas, palestrante com uma intensa rotina de viagens e tinha o compromisso de escrever um livro original por ano. Mesmo com tamanha agenda, mantive, nesse período, o hábito de me conceder férias de cerca de 3 meses por ano.

Parece muito, mas era o tempo que eu sentia ser necessário para descansar, divagar, criar, cuidar de meu corpo e de minha mente e estar com minha família e meus amigos. Essa foi uma fase muito produtiva. Conheci todos os estados do Brasil, lancei livros no exterior, fui reconhecido pelo meu trabalho. Ao mesmo tempo, viajei para muitos países, criei três filhos, mantive uma rotina assídua com meus melhores amigos e vivi experiências fantásticas no automobilismo.

Mais recentemente, substituí as múltiplas atividades e a exaustiva rotina de aeroportos brasileiros pelo trabalho on-line, baseando meu conteúdo e meu curso nas redes sociais. Reinventei-me nessa nova fase, sentindo ser necessário estar mais presente para meu público seguidor e não criar pausas tão longas.

Escravizei-me? Acredito que não. Meus seguidores sabem que até nas férias e aos domingos eu acompanho as redes, mas é porque também de segunda a sexta não abro mão de minhas atividades físicas, de almoçar com meus filhos e de planejar o fim de semana em nossa casa de campo. A rotina se intensifica nos meses de curso (50% do ano) e se alivia bastante nos demais meses. Passei a trabalhar menos diariamente, mas a trabalhar sempre. Isso me permite me manter em contato com as pessoas que amo, sem deixar de interagir com milhões de seguidores.

Autenticidade

Pode ser que você não ambicione dar a volta ao mundo, ou comprar uma casa de campo, ou montar um negócio. Talvez sua maior ambição seja apenas ter o mínimo para viver bem. Há famílias cujo desejo é apenas esquecer um fato ruim do passado, como um assalto à casa em que moram – vontade de mudar para superar, não necessariamente para melhorar o padrão de vida ou o conforto. Ou pode ser que seu sonho seja acumular uma pequena fortuna para doar a alguma instituição filantrópica com a qual se identifique ou para a qual queira trabalhar quando se aposentar. Para muitas famílias, sonhar com alguma conquista é um luxo, já que o nascimento de um filho especial passou a exigir grandes gastos com tratamentos e tudo que desejam é ter condição de continuar bancando os cuidados médicos de que ele necessita.

Felicidade tem a ver com a frequência de alegrias que você tem na vida. Será mais feliz, portanto, quem tiver mais sucesso em praticar aquilo que lhe traz alegrias. Não importa qual seja seu sonho. O importante é que seus planos assegurem que você esteja construindo e vivendo esse sonho, pois isso fará de você uma pessoa mais feliz.

Além de feliz, será uma pessoa mais autêntica, alinhada com seu propósito, motivada e focada em fazer o que não é tão importante para os outros. Por isso, tenderá a fazer melhor aquilo de que gosta. Isso alimenta o ciclo de motivação que faz com que você se interesse cada vez mais pelo que gosta de fazer. Assim nascem os perfis de destaque em suas áreas profissionais e nos círculos sociais.

Autenticidade tem a ver com quebra de padrões. E você fará isso quando seguir menos a manada, der menos ouvidos a quem não tem os mesmos objetivos que você e atentar mais para o que pede seu coração.

Digamos que você sonhe em fazer uma viagem de navio. O cenário hipotético para seu planejamento é o seguinte: você não tem conhecidos que fizeram algo semelhante, sua baixa renda não permite parcelar uma viagem dessas em 12 vezes, pessoas queridas o desestimulam com o argumento de que não é para seu padrão e, para piorar, suas férias costumam acontecer fora da temporada de cruzeiros. Mas é um sonho.

Sendo assim, deve ser transformado em plano. Você precisa pesquisar quanto custa uma viagem como essa e quanto consegue poupar por mês para realizá-la. Feitas as contas, saberá em quanto tempo acumulará os recursos. Dois anos? Cinco? Trinta? Não importa. O fundamental é ter em mente uma estimativa inicial. Montado o plano, é só começar a investir. A disciplina de poupança não deve ser problema, pois, sendo um sonho autêntico, tendemos a nos manter nele mesmo diante de pequenos imprevistos.

Com seu plano em andamento, você deve se dedicar rotineiramente a estudá-lo e aperfeiçoá-lo. Como melhorar os investimentos? Qual a melhor época para um cruzeiro? Há possibilidade de viajar gratuitamente se você formar um grupo de viajantes? Como funcionam os descontos para aquisições de véspera de embarque? Enfim, o envolvimento vai lhe proporcionar múltiplas possibilidades de acelerar seu sonho ou de fazer com que ele aconteça melhor do que o inicialmente previsto – afinal, planos não foram feitos para dar certo, lembra?

Digamos, porém, que um grande imprevisto afete diretamente seus planos. Por exemplo, a demissão do seu emprego atual. A renda já era baixa e estava difícil poupar. Então, seria hora de engavetar o plano? De forma alguma! Uma ruptura dessa natureza pode ser, na verdade, uma grande oportunidade. Por que não se candidatar, por exemplo, para trabalhar em um navio de cruzeiro durante uma temporada? Melhor ainda se for fora do seu país!

Um planejamento verdadeiramente cuidadoso até consideraria essa possibilidade como seu plano B no caso de desemprego, e você já estaria poupando menos para o cruzeiro, mas pagando também um curso de inglês básico. Mas, diante da demissão de fato e contando com uma multa rescisória para se sustentar por alguns meses, você pode aproveitar o tempo livre para realmente estudar inglês.

Percebe o que é autenticidade? Colocar seus sonhos acima das adversidades, fazer do limão uma limonada. Aprender, e não se resignar, com os erros cometidos e com as falhas de percurso. Errar é humano. Você já errou, eu já errei (muito, por isso cresci), todos erram. Dentre os que erram, há os que colocam em prática as lições aprendidas e crescem. Lembre-se: o grande desafio é saber nutrir suas vontades sem transformar isso em um problema – inclusive financeiro. O cenário é, portanto, a referência para você saber COMO vai construir seus planos, e não SE vai ou não realizar seus sonhos.

Fonte da felicidade

Defini felicidade, um conceito bastante abstrato e etéreo, como sendo a frequência com que você tem alegrias na vida. Então, pensando racionalmente, há duas formas de ter mais felicidade na vida.

Uma delas é focar as escolhas e os planos na conquista daquilo com que sonhamos e que nos traz mais alegrias – de fato, o que mais temos vontade de fazer. A outra é diminuir o tempo e os recursos dedicados àquilo que não contribui para as nossas alegrias.

Quanta alegria traz para você uma peça de roupa cara e de difícil combinação? Você acorda mais feliz pelo fato de seu condomínio ter uma quadra de tênis a sua disposição? O que pesa mais, na balança das alegrias, quando você tem um carro superesportivo: a potência que você consegue aproveitar raríssimas vezes ou o imposto sobre a propriedade que chega no início do ano? Um suvenir comprado em viagem e grudado na geladeira trará a você mais alegrias do que os comentários de uma bela foto postada em sua rede social favorita?

Há pessoas que dedicam, em uma viagem, tempo às compras quando deveriam estar experimentando, em seu tempo escasso, alguma nova e única experiência. Na verdade, há pessoas que fazem isso a vida toda.

Saber de onde vem sua felicidade é um passo importante para eliminar de sua vida aquilo que não contribui para a felicidade. É disso que trato no próximo capítulo.

7
No mínimo, a essência

Ponto de inflexão

Voltemos aos cenários para seu planejamento pessoal ou familiar. Vimos que:
- Priorizamos ter mais qualidade de vida e realizar mais sonhos;
- Precisamos reduzir os gastos com o padrão de vida;
- O autoconhecimento nos conscientiza do que é realmente importante;
- Sabemos que muitos de nossos gastos nada agregam a nossas alegrias.

Um passo importante para termos uma vida de mais realizações é focarmos em ter fartura daquilo que é genuinamente importante para nós. Ao mesmo tempo, devemos atentar para descartar o restante.

Isso significa deixar de nos nortear pelo que a maioria das pessoas faz. Ou, então, propor novos padrões a serem seguidos em seu círculo familiar e de amizades. A sociedade procurou evoluir, viabilizou o acesso a bens e tecnologia, começou a produzir lixo em um ritmo que fugiu ao controle e acabou por comprometer a qualidade dos alimentos, a saúde pública, a qualidade de vida e a capacidade de planejamento das famílias.

Governos arrecadam para resolver problemas de desequilíbrio, não mais para prover a infraestrutura necessária para a sociedade continuar evoluindo. Perdemos, por um tempo, o foco e não sabemos mais o que é importante. Porém, tudo que é visto como excesso de uma geração tende a servir de contraexemplo para a geração seguinte, produzindo mudanças de comportamento que visam compensar os erros cometidos pelos pais. Nesse ciclo de transformação, estão sendo resgatadas práticas que trazem o foco de volta ao que é importante.

Nos encontros de cúpula de países, nas reuniões de pais em escolas, nas rodas de cerveja ou café entre amigos, não é raro encontrar questionamentos do tipo "Como fazer para viver melhor?". Isso abre espaço para novas práticas e grandes mudanças.

A sociedade se transforma. O que funcionou para algumas pessoas no passado não funciona mais. Talvez tenhamos que sair da zona de conforto, bater a mão no peito, assumir a responsabilidade e criar um caminho novo para nossa vida. Não faltam exemplos de pessoas e comunidades que, de forma experimental ou até inconscientemente, estão criando caminhos que são bastante interessantes, enriquecedores e possíveis de serem adotados pela sociedade como um todo.

O longo período de crise vivido pelos brasileiros a partir de 2014 fez a sociedade repensar e mudar hábitos. Em boa parte, foram abandonados alguns vícios sociais típicos da economia brasileira. Em um cenário de perda de emprego, de perda da renda, de não conseguir manter duas fontes de renda na família, constatou-se que:

- As pessoas procuraram enxugar suas dívidas: caiu o endividamento;
- As pessoas evitaram comprar a prazo: diminuiu o número de compras parceladas e o volume de gastos fixos no orçamento familiar;

- A análise de contratos passou a ser mais cuidadosa: "O que meu cartão de crédito oferece?"; "Esse investimento tem ou não tem liquidez?"; "Quais as coberturas do contrato de seguro e do meu plano de previdência?";
- Famílias tiveram que vender bens e optaram pelo uso compartilhado ou compra de itens de segunda mão;
- As pessoas estão mais cuidadosas, cogitando um plano B: "Se eu perder o emprego, qual é o plano engatilhado?"

Isso significa que estamos melhorando gradualmente nossas escolhas financeiras e o entendimento do papel das empresas que nos prestam serviços nessas áreas, que incluem bancos, corretoras, seguradoras e financeiras.

Além dessas mudanças comportamentais, motivadas também por uma evidente evolução da educação financeira na sociedade, há aspectos relacionados a mudanças demográficas. A população brasileira está envelhecendo e as mulheres estão mais fortes em termos de emprego. Especificamente no Brasil, a maioria dos lares é chefiada por mulheres, na maior parte dos casos solteiras. Esse novo perfil social está exigindo das famílias um estilo de vida que seja mais funcional e prático.

A crise demonstrou a importância de valorizar o comércio vizinho a nossa residência. Muitas famílias abriram mão de um automóvel para manter as contas em dia. Compras voltaram a ser feitas em menor quantidade e cada vez mais perto de casa. Isso é reflexo de dois fenômenos: as pessoas estão procurando se deslocar menos de carro e estão comprando mais pela internet, aproveitando a facilidade da entrega em domicílio, conveniente e até gratuita, dependendo do nível de fidelidade do cliente.

O abandono do automóvel, bem que marcou a sociedade a partir dos anos 1950, tem sido crucial para importantes mudanças na sociedade e no consumo. Entre as razões para isso estão a cidadania (contribuir para o trânsito) e a sustentabilidade (contribuir para o ar limpo). Mas, sem dúvida, o principal motivo para se abrir mão de ter um carro é o custo de manutenção.

Na ponta do lápis, alugar automóveis de acordo com a necessidade sai muito mais em conta do que os possuir. Nessa comparação, incluo o preço do carro, custo do financiamento, manutenção, seguros, impostos, perda de valor (depreciação) e custo de oportunidade (quanto estaria rendendo o dinheiro aplicado). O aluguel, mensal ou por hora, inclui todo o pacote e ainda serviços de urgência e a possibilidade de fazer upgrades eventuais, quando oportuno. E, além do aluguel, obviamente, há a opção do táxi e do transporte por aplicativo, que, além de mais econômicos, nos permitem poupar tempo.

Meus alunos, cientes do custo de manutenção, têm consciência de que carro, mesmo os modelos mais populares, é um luxo. Se eu posso custear e não atrapalha em nada meus planos mais importantes, mantenho na garagem. Mas, se preciso cortar gastos, meu trabalho de enxugamento das contas começa por ele.

Você tem fome de quê?

Evite pensar nas necessidades e dificuldades como barreiras intransponíveis. Pense nelas como obstáculos a serem contornados ou, como se diz tecnicamente, como parâmetros do cenário.

Você precisa alimentar seus filhos. Comida se compra (pronta ou, então, os ingredientes para prepará-la, o que é mais econômico), mas também se cria, planta e colhe. Compras por atacado, divididas com pessoas próximas, e preparação em escala (marmitas) saem mais barato. Alimentos da estação custam muito menos do que os que "sempre tem que ter em casa". Produtos locais saem mais em conta do que os que vêm de longe. Compra direta dos produtores exclui o custo do frete, e a fidelidade (compra frequente) pode render descontos.

Você precisa se vestir. Mas precisa de boas roupas ou "de uma roupa para cada ocasião"? A moda não lhe é imposta. Você pode segui-la ou não. Pode comprar no shopping center e ajudar o lojista a pagar o aluguel de seu espaço ou economizar comprando em brechós e pontas de estoque. Pode comprar o kit pronto da vitrine da loja ou usar a criatividade com base em sugestões de perfis de moda das redes sociais. Pode pagar um pouco mais por uma roupa que dure para sempre ou economizar em roupas baratas e comprar novamente daqui a três meses. E, como nos alimentos, comprar por atacado (com um grupo de amigos) e com fidelidade pode render uma boa economia.

Abra sua mente para que suas escolhas sejam mais ricas, lhe permitam mais possibilidades. Você tem que ter uma casa? Não, tem que ter onde morar. Tem que ter um telefone? Não, tem que ter como se comunicar. Tem que ter um carro? Não, tem que ter como se locomover. "Ah, eu preciso de um carro maior porque viajo muito." Não! Que tal ter um carro compacto e alugar um maior quando viajar?

Destaquei que, em razão da crise, as compras passaram a ser feitas mais perto de casa. Mas outra evidente mudança de comportamento nas grandes cidades é o crescente abandono dos automóveis para ir ao trabalho. O uso do transporte público tem sido prioridade dos governos, e incontáveis empresas de mobilidade vêm oferecendo variadas formas de transporte, como bicicletas, patinetes, skates, compartilhamento de automóveis e scooters. Alternativas compartilháveis, não poluentes e que aliviam o trânsito.

O segmento do mercado imobiliário que prosperou mesmo em períodos de crise foi o de moradias compactas e inteligentes, com lavanderias coletivas e compartilhamento de eletrodomésticos que não ficam guardados nos apartamentos – que, assim, podem ter menos armários. São imóveis com bom acesso ao transporte coletivo, próximos de ciclovias e de uma zona comercial.

Impulsionados pela demanda, estão surgindo complexos imobiliários que incluem edifício comercial, edifício residencial, flats e um shopping center ou área de lojas para atender às pessoas que abriram mão do automóvel. O preço do metro quadrado desse tipo de empreendimento chega a ser muito superior ao de imóveis próximos. Isso traz um bom lucro às construtoras e incorporadoras, mas também alívio aos compradores. Afinal, são apartamentos que já vêm com facilidades como automação residencial e mobília básica e que, com pouco gasto em decoração, resultam em moradias elegantes e personalizadas.

Mudanças muito significativas de estilo de vida, baseadas na tecnologia e na comunicação, deixaram de ser futurologia e se tornaram acessíveis e viáveis. Essa vida compartilhada, financeiramente eficiente e mais sustentável, já pode ser considerada mais econômica do que o antigo modelo consumista.

O que lhe falta é dinheiro ou tempo para se organizar? Talvez você esteja apenas dando uma desculpa que todos usam para não ter que assumir a responsabilidade pelas dificuldades financeiras – elas são apenas o resultado de suas escolhas.

Minimalismo

Um movimento crescente na sociedade, reflexo da consciência contra o consumismo e seus efeitos nocivos para o futuro, é a adoção de uma atitude minimalista de consumo. É crescente, em comunidades do mundo todo e particularmente em alguns países europeus, a reunião de grupos sociais para discutir, adotar práticas e disseminar o consumo minimalista.

Trata-se de racionalizar as escolhas de modo a evitar radicalmente os excessos e as compras desnecessárias, adotando o consumo de bens e serviços estritamente essenciais ou que não podem ser substituídos por outra forma de atender às necessidades pessoais ou familiares. À primeira vista, pode-se, equivocadamente, imaginar uma casa minimalista com uma mobília extremamente espartana, sem detalhes de aconchego ou decoração, apenas uma poltrona e um abajur – e os convidados que tragam suas almofadas para sentar. Seus moradores seriam pessoas que repetem todos os dias as mesmas roupas e não utilizam eletrodomésticos e equipamentos criados para facilitar a vida.

Se, ao ler minha citação ao minimalismo, você imaginou, preconceituosamente, um estilo de vida amish ou hippie, talvez tenha sido influenciado por documentários que retratam formas radicais desse movimento. É comum associar minimalismo a uma vida meio riponga, sem quase nada: uma casa simples, uma cadeirinha ali, uma poltroninha aqui, só o que eu preciso, um fogãozinho de duas bocas. Essa foi a semente do minimalismo – as pessoas terem uma vida mínima, sem decoração, sem frescura, sem quadrinho, sem florzinha. Considere esse modo simplista e despojado de viver como protótipo de um estilo de vida que evoluiu e se adequou às necessidades e oportunidades da vida moderna.

A atitude minimalista envolve deixar de gastar com o que não tem utilidade duradoura para concentrar o consumo naquilo que é realmente importante. Sim, exige um exercício de desapego, de se desfazer daquilo que foi comprado sem utilidade ou que perdeu sua serventia com o passar do tempo. De deixar de comprar simplesmente pela rotina de comprar, como aquele impulso que a maioria das pessoas sente ao sair de uma atração turística e passar por uma loja de suvenires.

Eu e Adriana passamos a nos referir às compras feitas por impulso em viagens e que não terão nenhuma utilidade posterior como "berimbau".[14] Certa vez, em um voo partindo de Salvador, Bahia, vimos um grupo de turistas entrar no avião com berimbaus na mão. Olhamos um para o outro, rimos e eu comentei: "Esses se empolgaram com a viagem... Imagina quando chegarem em casa e pendurarem o berimbau na parede!" Para a maioria dos turistas, sem utilidade, de gosto decorativo duvidoso ou muito temático, sem qualquer identificação com o estilo de vida da pessoa e dando um trabalho danado para transportar no avião. Sempre que viajamos e nos deparamos com símbolos religiosos, tapetes, espadas, pedras esculpidas e outros

---

[14] Instrumento musical construído com um arco de madeira, uma cabaça e arame, muito usado em rodas de capoeira.

artesanatos, ao primeiro impulso de compra comentamos: "Berimbau!" E, obviamente, não compramos.

O lar minimalista não tem decorações desnecessárias. Não tem seis pares de travesseiros na cama ou dezenas de almofadas no sofá. Sem chopeiras, rechôs, kits de fondue, adegas e vasos de porcelana chinesa. Minimalistas pensam não só na função do que é comprado, mas também na utilidade do que é comprado – quantas vezes você utilizará o equipamento?

O guarda-roupa de uma família minimalista tem poucas peças, mas todas clássicas. Evitam-se cores e acessórios da moda, que serão descartados em pouco tempo. Evita-se também uma variedade muito grande de cores. Se eu gosto de azul, meu armário será predominantemente azul, e não um arco-íris de opções com uma miríade de combinações.

No mundo da moda, adotou-se o termo "guarda-roupa cápsula" para denominar o conjunto minimalista de peças. O conceito é ter um determinado número de roupas que, com as devidas combinações, seria suficiente para se vestir em qualquer situação durante uma temporada de três meses. De acordo com especialistas, esse número de peças varia entre 33 e 37.

É um engano, porém, entender o minimalismo como o empobrecimento do consumo ou da decoração do lar. A interpretação correta é de um padrão mais funcional e utilitarista de consumo. Gasta-se menos com o que não terá utilidade para concentrar os gastos naquilo que terá mais utilidade – ou trará mais alegrias – para a família. Poder gastar mais com aquilo que queremos é uma forma racional de nos sentirmos mais ricos.

Fartura daquilo que é importante

Deixando de gastar com o que não é importante, podemos concentrar nossos gastos naquilo que consideramos mais significativo. Pelo conceito minimalista, se eu curto gastronomia, deixarei de desembolsar dinheiro desnecessariamente com a decoração do quarto ou com o sistema de som e TV da sala para concentrar meus investimentos em uma cozinha sensacional e bem equipada onde eu possa receber amigos.

Um cinéfilo pode abrir mão da cozinha completa, da churrasqueira, da varanda gourmet e de diversos utensílios culinários para investir em uma grande TV e em um sistema automatizado de home theater.

Com uma casa bastante simples e espartana, quem curte viagens pode concentrar seus recursos em um turismo mais frequente e de qualidade. Um esportista pode ter os melhores equipamentos para a prática de sua atividade. Uma pessoa que vive de imagem pública pode investir mais na qualidade de seu guarda-roupa e de suas maquiagens. Um profissional que trabalha em casa pode ter um home office equipado e com internet ultrarrápida.

Note, porém, que um dos pilares do minimalismo é evitar, além do desperdício, o descarte de dejetos que pode ser evitado. Tão importante quanto ter fartura é ter qualidade naquilo que é fundamental. Se um minimalista precisa de um par de tênis para corridas, irá comprar o melhor e mais durável do mercado. Se faz questão de possuir um automóvel, irá comprar aquele que proporcione maior benefício e menor perda de valor pelo mais longo tempo de uso possível.

Uma moradia mais simples e um transporte mais simples podem ser mais tecnológicos, mais funcionais, mais práticos.

Um conceito minimalista aplicado aos negócios, que adoto em minha empresa, é simplesmente não ter escritório. Todo o meu time trabalha em casa, com interações por e-mail, telefone (cada vez menos) e WhatsApp. Encontros pessoais de todo o time não acontecem mais do que uma vez por ano. Custo extremamente reduzido de um negócio extremamente complexo e de amplo alcance, baseado na comunicação digital, para que cada membro do time mantenha sua rotina mais equilibrada.

Pirataria

Sociedades minimalistas abominam a pirataria. O motivo principal é a injustiça social por trás dessa prática, que inclui trabalho escravo ou subemprego, materiais não certificados, sonegação de impostos, quebra de patentes e prejuízos às empresas que trabalham corretamente, entre outros.

Outro ponto a considerar é que a indústria das falsificações não respeita nenhum tipo de regulação quanto à origem de suas matérias-primas e ao despejo de dejetos.

Finalmente, o argumento já defendido: em vez de comprar tênis piratas baratos, que duram dois meses ou menos, é melhor negócio pagar três a quatro vezes mais por tênis de qualidade que serão usados por dois anos e não trarão problemas ortopédicos ao atleta.

O barato sempre sai caro. Comprar produtos falsificados ou mesmo originais de má qualidade significa comprar mais vezes, gerar mais lixo, ter dor de cabeça com problemas de funcionamento ou dos materiais e perder tempo reclamando. O produto durável e de qualidade, portanto, apesar de custar mais caro, é uma forma de proteger o orçamento a longo prazo.

Socialização

Uma vida minimalista precisa ser, necessariamente, pensada coletivamente. Afinal, deixando de comprar o que não é de uso frequente e essencial, de vez em quando você pode sentir falta de algum equipamento ou eletrodoméstico, concorda?

Em vez de comprar liquidificador, batedeira, torradeira e um monte de acessórios na hora de equipar o apartamento, é mais inteligente adquirir apenas o que será usado frequentemente e pedir *emprestado* a alguém aquilo que você utilizará pouco. Para quem vive em grandes cidades, pode até soar estranha a sugestão de pedir emprestado.

O minimalismo é um padrão mais funcional e utilitarista de consumo. Gasta-se menos com o que não terá utilidade para concentrar os gastos naquilo que terá mais utilidade – ou trará mais alegrias – para a família. Poder gastar mais com aquilo que queremos é uma forma racional de nos sentirmos mais ricos.

gustavocerbasi

Mas a ideia é exatamente essa. Pessoas minimalistas se associam mais. Tendem a ser pessoas que procuram vilas para viver, que conversam com o vizinho, que interagem mais: "Você é o cara do bolo? Faz o seguinte, me empresta a batedeira hoje? Vou fazer um bolo para mim e já faço um para você." A proposta de compensação pelo empréstimo deve partir de quem pede, não de quem fornece.

Utilidade

A escolha inteligente de consumo é uma escolha durável. Pode ser, por exemplo, uma viagem que você estudará apaixonadamente durante os meses de planejamento, cuja execução curtirá e depois ainda ficará discutindo com amigos a respeito, revendo fotos durante anos. Pode ser também algo que será usado intensamente e sem necessidade de reposição.

Quando vale a pena comprar um carro? Quando você planeja andar muito de carro – mesmo assim, considere a possibilidade de alugar. Quando vale a pena comprar um bom fogão industrial? Quando for usar bastante esse fogão. Quando vale a pena comprar uma boa batedeira? Quando fizer muitos bolos.

Minimalista é aquele que preza a qualidade, a durabilidade, aquele que conversa em família e entre amigos para propor o compartilhamento: "Vamos organizar um esquema aqui de nem todo mundo ter as mesmas coisas?"

Um exemplo que desenvolvi no livro *Pais inteligentes enriquecem seus filhos* é de os pais conversarem muito entre eles no começo do ano letivo. Procure saber, por exemplo, quais são os games que os colegas de seu filho têm. Combine não presentear os filhos com os mesmos jogos, caso possam intercambiar. Ou, se preferem jogar on-line, discuta quais serão os dois games da temporada que todos jogarão juntos, minimizando esse tipo de gasto.

Os condomínios compactos e inteligentes que citei anteriormente já estão sendo lançados com todos os eletrodomésticos disponíveis num locker, que funciona como um almoxarifado coletivo. Quem precisa de uma batedeira vai até o subsolo, identifica o apartamento e sai com a batedeira para devolver depois, da mesma maneira que funcionam os carrinhos de supermercado em condomínios mais antigos. Isso permite dispensar grandes móveis na cozinha – na verdade, permite cozinhas mais compactas – e se traduz em uma grande queda no consumo de itens pouco utilizados. Na prática, a tendência minimalista já vem ajudando a fazer escolhas mais sustentáveis.

Da combinação de maior socialização com maior utilidade daquilo que consumimos nasceu uma reflexão que funciona como um lema da cultura: procure amar mais as pessoas e usar mais as coisas; o contrário não costuma funcionar por muito tempo.[15]

Práticas que mudam a relação com o dinheiro

A cultura minimalista é uma reação aos desperdícios e à irracionalidade do consumismo das últimas décadas, e também é um caminho sem volta para uma sociedade mais equilibrada e com menos desigualdade.

A adoção das práticas minimalistas deve acontecer aos poucos, influenciada principalmente pela conscientização nas escolas e na mídia. Mas algumas práticas simples podem ser adotadas desde já e contribuir tanto para seu bolso quanto para a sociedade.

Recomendo oito atitudes para iniciar essas práticas em casa:
1. **Pedir emprestado.** Precisa de uma ferramenta ou de um utensílio? Evite comprá-los, caso esteja apenas fazendo um uso eventual ou experimentando uma prática à qual pensa se dedicar. Utilize as redes sociais ou o WhatsApp para pedir emprestado aquilo de que precisa. Nas grandes cidades, isso pode ser visto com desconfiança. Para vencer essa resistência, a regra de ouro é sempre devolver mais, como os juros de um emprés-

---
[15] Fonte: documentário *Minimalism*, da Netflix.

timo bancário. Se pediu uma fôrma de bolo, faça dois bolos e devolva a fôrma com um deles. Se pediu uma furadeira, devolva com um kit novo de brocas (custam muito menos que uma furadeira). Se pediu um livro ou uma extensão de tomada, devolva com uma barra de chocolate. Na próxima vez, seu pedido de empréstimo será mais bem recebido, pode apostar.

2. **Compras por atacado.** Não é difícil, em grupos familiares de WhatsApp, organizar listas de compras quando alguém se propõe a ir a um atacado. Quando feito com frequência e planejado com antecedência, o consumo por atacado pode render bons descontos, sem a necessidade de fazer estoques que levam ao risco de faltar dinheiro.

3. **Compras coletivas.** Se você e um conhecido estão interessados em um mesmo produto ou serviço (um curso on-line, por exemplo), podem considerar a possibilidade de comprarem juntos, compartilhando o uso e dividindo o custo de aquisição. Basta estabelecer, com antecedência, as regras para evitar conflitos. Esse é o princípio do sistema de compartilhamento de bens conhecido como *time-sharing*, em que imóveis de veraneio, flats, carros de luxo, barcos e até helicópteros e aviões são comprados em conjunto e seu uso é dividido com base em uma agenda.

4. **Compras conscientes.** Já tratei das três perguntas básicas em uma decisão de consumo. Quero? Posso? Preciso? Elas já fazem um bom filtro nas decisões. Se você quer, pode e precisa, mas deseja comprar com consciência, faça-se a seguinte pergunta: essa necessidade é real ou apenas fruto do desejo de pertencer a um grupo ou afirmar minha personalidade? Compras por status são uma forma real de desperdício. Outras perguntas podem ainda ser feitas para evitar compras que prejudiquem a sociedade como um todo. Qual a origem do produto e da matéria-prima? Para onde vão os descartes e as embalagens? A compra ameaça o planeta de alguma forma? Tantos ques-

tionamentos podem parecer um exagero, mas lembre-se: cada uma de nossas decisões afeta positiva ou negativamente a vida de nossos filhos. Se eles não sabem disso, saberão em breve – e também se darão conta de quem foram os responsáveis. Dar o exemplo não custa e é extremamente gratificante.

5. **Reformar e consertar.** Cuidar bem de equipamentos que foram feitos para durar rende não só pela economia, mas também pelo orgulho de ter aproveitado uma boa escolha de consumo. De tempos em tempos, alguém comenta, surpreso, meus hábitos de conservação. "Você está há 11 anos com esse carro?" "Há quanto tempo você tem essa cafeteira?" (Tenho a mesma Nespresso há 9 anos, fazendo 2 a 4 cafés por dia). "Essa camiseta ainda é do tempo do Canadá (de 2004)?" São itens de que cuidei por ter um carinho por eles, e me orgulho de não ter comprado outros. Além da conservação e da troca preventiva de peças, o reparo é uma solução igualmente inteligente. Aprender a fazer pequenos consertos traz economia e serve como terapia, pois é sabido que reparos domésticos nos tiram da rotina e proporcionam relaxamento. De qualquer forma, serviços como os de sapateiro, assistência técnica de eletrodomésticos e reforma de sofás e estofados custam bem menos do que a compra de produtos novos e estimulam a atividade econômica de sua região. Além disso, são práticas que reduzem a produção de lixo, contribuindo para o meio ambiente. Consertar mais, descartar menos!

6. **Fazer trocas e permutas.** Em vez de pagar com dinheiro, você pode pagar com seu tempo e sua habilidade profissional. Existem muitos sites e comunidades de trocas nas redes sociais. Neles, é possível realizar trocas de brinquedos, livros, utensílios de gastronomia e roupas de criança e de festas, entre outras oportunidades. Também são comuns as comunidades de permutas, em que você pode trocar um serviço por outro ou adquirir um produto em troca de seu serviço. Nessas comuni-

dades, os serviços mais ofertados e procurados são de manicure, passeio com pets, fotografia profissional, reparos e reformas domésticas, aulas particulares e cursos on-line.

7. **Renovar experiências.** Práticas antigas podem ter ficado mais caras sem que você percebesse. Renovar assinaturas automaticamente e corrigir planos de pagamento pela inflação é uma atitude acomodada, pois os serviços concorrentes estão sempre lançando inovações, melhorias e promoções para novos clientes. De tempos em tempos, pesquise as condições de contratação para novos alunos em sua academia, em seu plano de TV por assinatura, em seu clube do livro ou do vinho. Pense também em alternativas para seus gastos regulares. Pesquise e experimente diferentes produtos no supermercado, em busca de mais benefícios por custos similares. Troque passeios no shopping por passeios no parque ou na praia, que tendem a ser mais econômicos, mais saudáveis e mais gratificantes.
8. **Reserva de emergências.** Independentemente de seu perfil de consumo e de sua atitude ser minimalista ou não, é fundamental contar com uma reserva para oportunidades e imprevistos. Gastos inesperados, como a reposição ou o reparo de algo quebrado, podem levar a endividamento. A reserva de emergências deve funcionar como um colchão contra esse tipo de imprevisto, trazendo tranquilidade à rotina. Quando usada, a prioridade deve ser recompô-la quanto antes.

A essência minimalista

O estilo de vida minimalista pode ser considerado a base da economia compartilhada, que, por sua vez, é a chave para uma vida de mais experiências. Na essência, trata-se de comprar menos e também impactar menos. Tão importante quanto não desperdiçar nosso dinheiro com compras que podem ser evitadas é não entulhar o planeta com dejetos e poluentes que também podem ser evitados.

Para alcançar esse objetivo, nossas escolhas devem ir além de, simplesmente, comprar menos. A prática do consumo local, que mencionei anteriormente, não só valoriza a economia da sua vizinhança como também reduz os gastos e os efeitos do transporte e da armazenagem de produtos que vêm de longe. O transporte polui e o armazenamento consome energia – o que, indiretamente, pode ser considerado como poluição ou devastação. Preferir produtos da estação traz esses e outros benefícios: alimentos mais saudáveis, colhidos no ponto certo e com menor custo de transporte e armazenagem.

Note que o minimalismo não se limita a ter um guarda-roupa enxuto ou menos eletrodomésticos na cozinha. Trata-se de uma conscientização social que envolve repensar até o cardápio e a nutrição da família. Se consumirmos mais alimentos da estação, precisaremos aprender formas criativas de prepará-los para não saturar o paladar da família.

Não se trata de inovar, mas sim de reinventar ou resgatar hábitos antigos. Meus avós maternos diziam que, em sua infância pobre, na Lituânia, os únicos alimentos que tinham com certa fartura eram as leguminosas – basicamente batatas e beterrabas. Nos fins de semana eles comiam aves se o clima permitisse, já que precisavam de tempo bom para caçar, com estilingues, perdizes e pombos. Uma vez ao ano, o resultado das economias de meu bisavô permitia comprar uma barriga de porco, que era dividida em sete partes para servir a família durante toda a semana entre o Natal e o Ano-Novo. Dessa simplicidade, meu avô conservou receitas incríveis com batatas e beterrabas!

Fato é que os mais consumistas desperdiçam oportunidades de ter uma alimentação com preparo mais eficiente. Por exemplo, se você gosta de churrasco, já deve ter presenciado, nas churrascarias, porções de mandioca frita sendo servidas quase como iguaria. Tradicionalmente, a mandioca é servida cozida em uma refeição principal, uma forma de preparo mais saudável e saborosa, e só o que sobra costuma ser guardado na geladeira e frito no dia seguinte. Se consumida sempre frita, a mandioca prejudica a saúde e deve ser evitada.

Se o preparo saudável (cozido) for alternado com o aproveitamento das sobras para servi-las fritas ou assadas, o ingrediente, barato, local e muito nutritivo, pode ser consumido mais vezes por semana. Esse raciocínio serve para outros alimentos igualmente baratos, como arroz, fubá/polenta, banana, abobrinha e pão, entre outros.[16]

Um cardápio minimalista utiliza poucos ingredientes, mas explora as diversas formas de preparo, de acondicionamento e de reaproveitamento dos ingredientes para gerar menos desperdício e menos lixo a ser recolhido e tratado.

Esse raciocínio pode ser aplicado a diferentes itens de consumo, em qualquer realidade social. Ao desenvolver o mindset de comprar menos e impactar menos, combinamos a economia doméstica com a valorização do comércio local e a redução do impacto social. Isso reduz a necessidade de atuação do Estado e alivia os cofres públicos para que possam fazer um planejamento mais preventivo.

Em outros tempos, eu consideraria esse modelo utópico. Mas, em uma sociedade cada vez mais conectada e em franco processo de compartilhamento e de disseminação de experiências globais, hoje o vejo como uma realidade viável. Cabe a cada um de nós optar por colocá-lo em prática.

---

[16] A consulta a um nutricionista é sempre recomendável antes de alterar sua dieta.

8
Protótipo da vida futura

A sociedade reage

A necessária mudança de comportamento para reverter o desequilíbrio criado pelo consumo tende a ser mais simples do que parece à primeira vista. Na verdade, ela já acontece com certa naturalidade.

Desenvolvi o raciocínio dos capítulos anteriores com o objetivo de mostrar caminhos para aliviar o custo do padrão de vida ou dos gastos fixos da família, visando viabilizar mais verbas para qualidade de vida e recursos para concretizar planos ambiciosos.

Cabe destacar que a economia compartilhada, porém, não diminui o desejo de consumir. Ela apenas reduz a propriedade, que fica mais concentrada nas empresas que fornecem serviços de compartilhamento. Na condução para o equilíbrio da sociedade, o minimalismo é, portanto, uma atitude mais salutar do que a proliferação tecnológica que nos permite compartilhar e desfrutar tudo.

A dificuldade inicial em colocar em prática recomendações como a redução do tamanho da casa e a cultura minimalista de consumo se baseia em três entraves:

1. Estamos tratando de mudanças nas escolhas mais complexas

e mais caras de uma família, geralmente viabilizadas por meio de longa pesquisa e com o uso de consórcios e financiamentos. Desfazer ou ajustar tais escolhas requer tempo e negociação.
2. As propostas envolvem mudanças para um padrão de vida diferente daquele que é seguido por nossos amigos e familiares. É natural que desejemos nos manter próximos e com rotinas semelhantes às das pessoas que queremos bem.
3. Culturas inovadoras exigem que seja assumido o risco de errar para aprender.

Esses são os argumentos contrários. Trouxe, nas páginas anteriores, os argumentos a favor: uma vida mais leve e gratificante, com liberdade de consumir de forma mais autêntica e com capacidade de concretizar planos mais ambiciosos. Acredito que, colocada a reflexão em uma matriz SWOT, não é difícil concluir que a mudança para uma vida mais equilibrada traz resultados positivos.

Porém, enquanto muitos se questionam se devem ou não abrir mão do comodismo, sair da zona de conforto e adotar uma vida mais equilibrada, a geração mais jovem avança a passos largos nessa direção. Como quem inicia a pintura de uma tela em branco, sem a necessidade de voltar atrás e desfazer escolhas malfeitas, o planejamento da geração conhecida como *millenials* já parte de escolhas que questionam os hábitos consumistas de seus pais.

Para eles, a grande disseminação de conhecimento e tecnologia tornou viável um ritmo de aprendizado e de experiências que as gerações anteriores não tiveram. O estilo de vida mais flexível dessa geração, com muitas vivências diferentes num curto espaço de tempo, permitiu chegar a conclusões interessantes.

Novos hábitos

Talvez você não tenha reparado, mas os mais jovens já estão vivendo (ou, ao menos, ambicionando) um estilo de vida completamente diferente do de seus pais, tanto em termos de consumo quanto em relação aos planos que estão construindo para o futuro.

A luta pela igualdade de gêneros resultou em menor desigualdade de salários e maior semelhança nas preferências de consumo. Homens estão cada vez mais vaidosos, consumindo mais estilo de vida e cuidados pessoais. Isso os faz refletir melhor sobre as consequências e privações de escolhas excessivamente engessadas.

O acesso à internet está se universalizando rapidamente, inclusive entre os mais pobres. As comunidades têm suas torres de transmissão e internet comunitária. Nas grandes cidades, é cada vez mais comum que parques, praças e locais de grande frequência de público tenham conexão sem fio (wi-fi) gratuita. Isso vem moldando boa parte do novo comportamento de consumo, caracterizado pela identidade de grupo (que se contrapõe ao consumo massificado).

A conectividade permite acesso a conteúdo variado, inclusive a educação financeira. Assim, problemas graves, como o endividamento, por exemplo, podem ser debatidos amplamente logo que surgem. Resultado: conscientização e aversão a dívidas. As pessoas sabem onde comentar e pedir ajuda para tentar resolver os problemas relacionados ao alto endividamento. Elas estão preocupadas em não ter seu nome em um cadastro de inadimplentes, interessadas em ser incluídas em cadastros positivos[17] e mais reticentes em ceder seu nome a um amigo ou conhecido para abrir uma empresa. Estão pensando duas vezes, estão fazendo escolhas melhores.

Automóvel deixou de ser um objeto de desejo dos jovens ao completar 18 anos. Meu filho Guilherme, aos 11, me perguntou: "Pai, eu vou precisar mesmo aprender a dirigir?" As alternativas eficientes de mobilidade são debatidas nas escolas e deixam claro que é possível, para qualquer pessoa, se deslocar por uma grande cidade mesmo

---

[17] Cadastro positivo é um sistema em que autorizamos as instituições a manterem um registro histórico de nosso comportamento de consumo, com o objetivo de comprovar nossa rotina de pontualidade e responsabilidade e viabilizar o acesso a condições de crédito mais vantajosas, típicas dos bons pagadores.

com poucos recursos. As opções de compartilhamento de veículos individuais e de táxis, de transporte com motorista por aplicativo, de aluguel de veículos por curtos períodos de tempo e de transporte público são abundantes, baratas e eficientes do ponto de vista ecológico. Para quem vive em uma cidade plana, ainda há a clássica e saudável opção da bicicleta.

Para o jovem sair da casa dos pais, não é mais necessário comprar ou alugar um imóvel. Ele pode facilmente encontrar uma opção barata de moradia, seja compartilhando quartos de um único imóvel (a versão moderna da antiga república), seja alugando espaços compactos ou até dormindo gratuitamente, por períodos determinados de tempo, em sofás, no esquema conhecido no mundo todo como *couch surfing* (surfe de sofá, em tradução literal). O *couch surfing* faz sucesso com a garotada, principalmente com mochileiros que, em suas viagens com parcos recursos, em outros tempos dormiam em albergues, bancos de trem ou locais públicos. Hoje, se hospedam gratuitamente nos sofás de famílias, geralmente idosas, que não esperam nada em troca além de um bom papo com o visitante que dormirá em sua sala.

Os principais itens de consumo da geração consumista – moradia e automóvel – estão perdendo espaço no orçamento. O novo sonho de consumo é ter um bom smartphone ou *wearable*[18] (ou outro *gadget* que permita estar conectado 24 horas por dia) e uma conexão wi-fi rápida e ilimitada.

A conectividade permite ter acesso a um nível de conhecimento ilimitado. Isso faz com que essa geração ambicione ter mais experiências, viajar mais, aprender sobre assuntos e áreas diferentes. O histórico de experiências, que sempre vem carregado de aprendizados, ocupa um lugar cada vez maior nas ambições das pessoas, espaço antes ocupado por desejos de consumo.

A vontade de ter e de ostentar posses está sendo rapidamente

---

[18] *Wearables* (ou "vestíveis", em tradução literal) são acessórios do vestuário com funções de conectividade, como óculos, relógios e similares.

substituída pela vontade de viver e de compartilhar experiências. O *ter* está sendo substituído pelo *ser*.

Em razão dessas mudanças, os lançamentos imobiliários deixam de ser concebidos para comportar os equipamentos e suvenires da família. Grandes apartamentos com varanda gourmet, quatro ou cinco suítes estão sendo substituídos por imóveis muito menores – não menores, e sim *muito* menores. Famílias que sonhavam em morar em apartamentos de 200 metros quadrados estão preferindo morar em imóveis de 70 ou 80 metros quadrados com lavanderia e utensílios coletivos, automação e uma série de funcionalidades, como parede da sala que vira para o quarto, para permitir ter uma televisão só no imóvel. Garagem? É item opcional. O metro quadrado custa três ou quatro vezes mais do que a média do bairro, mas as pessoas pagam o preço. Afinal, o apartamento compacto já vem quase pronto para morar, enquanto o de maior metragem custaria uma pequena fortuna adicional para ser mobiliado. As moradias estão ficando mais inteligentes.

Estudo e trabalho

Gastos com a própria faculdade ou a dos filhos estressam menos a nova geração. Uma das principais preocupações das gerações que associaram o sucesso a ter uma carreira sólida, a educação superior passou a ser apenas uma dentre várias possibilidades de se preparar para o trabalho. Em certas áreas, a faculdade pode até ser considerada um modelo ultrapassado de formação. Corre-se o risco de escolher uma carreira, passar quatro anos estudando e, ao final desse período, a profissão não existir mais.

O conhecimento que se busca nos dias de hoje é aquele necessário para aprender a resolver problemas que não existiam há dois ou três anos. Conhecimento inovador e diferenciado, que tenha valor pela sua exclusividade. Estuda-se para adquirir valor, necessário para conseguir trabalho. Trabalha-se para ser feliz e juntar algum dinheiro para, daqui a algum tempo, poder deixar de trabalhar e então descansar. E aproveita-se o descanso para refletir e identificar novas possibilidades de aprendizado em que valha a pena investir tempo e dinheiro.

Cursos técnicos e profissionalizantes estão capacitando para conhecimentos que o mundo dos negócios ainda vai entender como utilizar. Em outras palavras, muitas pessoas estão estudando assuntos fascinantes cuja aplicação ainda é desconhecida ou está para ser inventada.

Na antiga carreira linear, estudava-se por 16 anos para então trabalhar para a mesma empresa (sinônimo de competência) durante 40 anos até se aposentar. No lugar dessa carreira linear, a expectativa do jovem de hoje é estudar o que for fascinante, trabalhar com base nesse aprendizado, ganhar, acumular para fazer uma pausa e estudar mais, para então ganhar mais, para poder acumular mais. Períodos mais curtos tanto de aprendizado quanto de trabalho.

```
        Estudar o que ama
          para ser feliz
              ↑
Identificar novos        Criar valor com
 conhecimentos            o aprendizado

    Descansar             Trabalhar
    para refletir       enquanto é feliz
```

Aposentadoria não aparece no radar – talvez não venha a acontecer, como já discuti no livro *Adeus, aposentadoria*. Em uma carreira que alterna aprendizado, prática e descanso, é provável que diminua a necessidade de deixar de trabalhar. A cada ciclo intervalado por pausas, pode-se experimentar novas paixões e ganhar novo fôlego para continuar produtivo.

Planos que os pais faziam para a faculdade dos filhos devem ser revistos. Poupança para a educação tende a ser um obstáculo cada vez menor. Os pais não precisam acumular uma fortuna que será usada de uma só vez entre os 17 e os 21 anos dos filhos. Ou, se acumularem, precisam ter a mente aberta para entender que esse recurso pode ser usado antes do previsto em um projeto empreendedor juvenil ou em cursos e programas de intercâmbio que abrirão mais possibilidades de carreira do que aquela faculdade dos sonhos dos pais.

Entenda que de forma alguma estou sugerindo que as famílias gastarão menos com educação. Pelo contrário: educação tende a se tornar, nessa nova geração, o maior gasto do orçamento. Porém, educação será uma preocupação menor por duas razões:

- Será um gasto diluído ao longo do tempo, em contraponto ao gasto concentrado em 4 a 6 anos de faculdade, pois a educação será consumida de acordo com as oportunidades ou necessidades e durante toda a vida.
- A educação absorverá boa parte dos gastos que as gerações anteriores tinham com posses mais sofisticadas e financeiramente ineficientes, como a maior casa própria possível e o automóvel particular.

O conceito de economia circular

O aspecto circular que citei ao discutir sobre estudar para ser feliz não é uma tendência apenas para as escolhas de educação e carreira. Com cada vez mais pessoas adotando práticas de consumo minimalistas e eficiência no uso de recursos, o repúdio crescente ao consumismo tem sido cientificamente chamado de *lowsumerism*.[19] A consciência do impacto do consumismo no ambiente pede uma redução no ímpeto de compras e a adoção de práticas sustentáveis. Obviamente, esses novos hábitos têm grande impacto nos negócios, nos lucros e na geração de empregos.

---

[19] Termo em inglês, de difícil tradução para o português, que parte de *consumerism* (consumismo) para sugerir uma redução (*low*) no ímpeto de consumo, resultando em *lowsumerism*.

Menos empregos se traduzem em duas possibilidades: a necessidade de um estilo de vida mais simples, adequado a uma renda média menor (o que discutimos até aqui), ou a necessidade de reinvenção dos negócios, para que obtenham seus resultados a partir da exploração de uma cadeia de consumo mais sustentável.

Se uma empresa vende menos, lucra menos. Mas, se vende menos porque os consumidores compartilham, reciclam e reparam, há uma oportunidade de negócios nesse processo, que também pode ser abraçada pela empresa que produz os bens.

Foi dessa visão que nasceu o conceito de economia circular. Trata-se de uma percepção mais abrangente da necessidade do consumidor e do entendimento da oportunidade que está por trás da engenharia de produtos: considerar a cadeia de produção e consumo como um todo – afinal, ninguém entende melhor do produto do que quem o desenvolve.

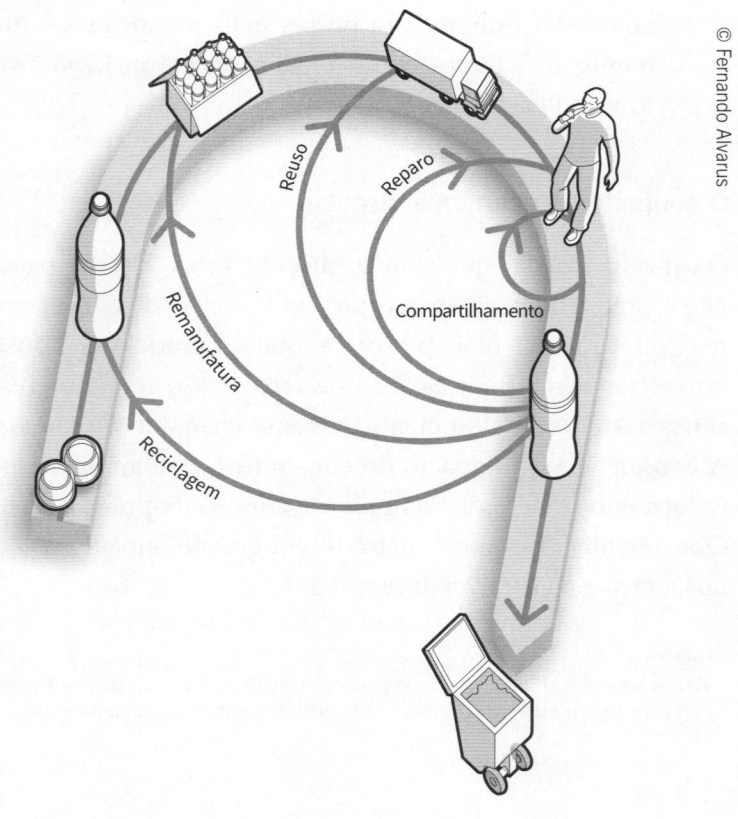

Produzir dentro do conceito de economia circular significa planejar bens, serviços e embalagens que atendam às necessidades do consumidor sem gerar resíduos, dejetos ou impactos significativos na natureza e na sociedade. Em outras palavras, significa satisfazer o consumidor com a menor interferência possível na capacidade de continuar produzindo.

Essa consciência serve para a indústria, que precisa pensar formas menos poluidoras de fabricação, embalagens recicláveis, a vida útil de seus produtos, mecanismos para recolher produtos e embalagens, processos de reuso, remanufatura, reaproveitamento, reparos e compartilhamento daquilo que produz. Mas serve também para o consumidor, que deve cobrar essa consciência da indústria, exigir menos embalagens ou um volume menor de lixo, organizar-se para utilizar embalagens duráveis para compras a granel (no lugar de embalagens descartáveis ou mesmo recicláveis) e compartilhar itens que sejam parcialmente consumidos.

Um exemplo de aplicação do conceito de economia circular na vida doméstica é a prática do reuso da água, com captação de água da chuva e do banho para irrigação de jardins e lavagem de calçadas. A mesma água passa a ter mais de uma utilização, reduzindo o consumo e gerando menos esgoto. Partindo desse conceito, implantei em minha casa de campo um conceito de economia circular que explicarei em detalhes no próximo capítulo.

O impacto financeiro

Chegamos à reflexão que eu considero fundamental para seu plano de construção de riquezas. Repare que, de forma cada vez mais evidente e comum:

- As pessoas estão vivendo ou viverão em imóveis menores, não necessariamente próprios, mas não menos confortáveis ou eficientes do que as moradias mais antigas.
- O automóvel próprio está sendo substituído pela mobilidade compartilhada.

- O sistema de utensílios coletivos está sendo cada vez mais usado.
- Custos com a educação tendem a ser maiores, porém mais diluídos ao longo da vida.

Essa mudança no comportamento de consumo das famílias, conscientemente em alguns casos ou por necessidade em outros, vem aliviando o orçamento justamente nos itens com maior participação nas contas. Além disso, são os itens que mais engessam o orçamento, os típicos gastos fixos. Com menor pressão sobre o orçamento, passa a ser mais simples lidar com imprevistos e manter as contas sob controle, favorecendo o planejamento.

A principal e mais interessante consequência dessa redução dos gastos fixos é a maior disponibilidade de verba para:

- Cuidados e tratamentos de saúde;
- Alimentação de melhor qualidade;
- Lazer ou experiências;
- Esforço de poupança para concretização de mais objetivos de curto, médio e longo prazos;
- Educação avulsa (com menor preocupação em relação aos custos com a educação formal, valoriza-se o aprendizado não relacionado à profissão, como a educação empreendedora e a educação para investimentos).

Com as rápidas transformações na sociedade, perdem relevância no orçamento itens que eram possuídos e ostentados e ganham importância a educação (em sentido mais amplo) e as experiências de vida. A expectativa de menos tempo dedicado ao trabalho deveria se traduzir em ganhos menores (em razão da perda do efeito dos benefícios e promoções usados pelas empresas para segurar seus funcionários), mas esse efeito pode ser revertido em razão do conhecimento mais especializado que o profissional de carreira flexível traz para os negócios. Conhecimento raro ou inovador se traduz em maiores ganhos por hora trabalhada.

A vontade de ter e de ostentar posses está sendo rapidamente substituída pela vontade de viver e de compartilhar experiências. O *ter* está sendo substituído pelo *ser*.

◉ gustavocerbasi

De qualquer forma, a expectativa de carreira cíclica, intervalada por períodos de descanso ou sabáticos, deve resultar em ganhos totais menores ao longo dos primeiros anos de carreira, quando comparados com o modelo de carreira anterior. Vislumbra-se uma vida com menos renda, menos posses, porém mais rica em experiências e aprendizado.

Nesse modelo, talvez o gasto principal da família deixe de ser com moradia e passe a ser com educação. Não é exagero dizer que nossos filhos ganharão menos, mas serão mais ricos, mais felizes e mais independentes. E o melhor: nesse modelo, que nasce de uma visão mais coletiva das escolhas, é muito interessante perceber que sua felicidade, decorrente de decisões mais equilibradas, pode também contribuir para uma sociedade melhor.

Oportunidades distribuídas

A discussão que levanto aqui não é um mero exercício de futurologia. Essa revolução já está em andamento e afetando diretamente a economia, exigindo que os negócios e as escolas se transformem de maneira acelerada. É importante que você esteja atento a essas mudanças, pois as oportunidades criadas por elas são maiores do que as trazidas por ciclos econômicos e altas e baixas na bolsa de valores.

Orçamentos familiares com flexibilidade para mais gastos com aquilo que temos interesse em aprender tendem a fortalecer nossas melhores habilidades e nossa rede de relacionamentos (networking).

Dos itens do orçamento, o que considero mais importante, ou menos flexível, certamente é o gasto com educação. Afinal, é o investimento que seguramente promove evolução na empregabilidade, na renda e nas condições de custear uma vida de conforto crescente e realização de sonhos. Assegurar recursos para a sua educação e a de seus filhos é a forma tangível de garantir mais portas abertas (mais possibilidades) na vida. É também uma forma de diminuir a desigualdade social que está ao alcance das famílias. Deveria ser a escolha prioritária de qualquer governo, em qualquer nível de gestão, mas infelizmente nem sempre é assim, pois investimentos feitos hoje em educação não surtem efeito evidente antes das próximas eleições.

Sei que esse é um ponto polêmico, afinal famílias que se consideram pobres esperam que suas vidas sejam melhoradas por algum tipo de iniciativa pública ou de terceiros. Mas, no livro *Dez bons conselhos de meu pai*, explico que não houve outro responsável que não a educação para que eu alcançasse uma condição de vida melhor. Meu pai já dizia que educação deve ser a escolha prioritária de todas as famílias.

Ao discutir o conceito de economia circular, expliquei como, em vez de penalizar as empresas, o consumo mais equilibrado, na verdade, cria oportunidades para empresários sérios. Sim, há quem saia perdendo nesse modelo de vida mais sustentável: o produtor de falsificados, o pirata, a indústria que explora o consumismo, os exploradores de mão de obra barata. Esses negócios ainda sobreviverão enquanto não houver a devida conscientização da sociedade, mas certamente pagarão o preço da insustentabilidade de sua ganância.

Um segmento que tende a se fortalecer muito nessa nova realidade é o mercado financeiro. À primeira vista, talvez o movimento tecnológico que favoreceu o surgimento de milhares de *fintechs*[20] e de moedas alternativas assuste os bancos e outros negócios financeiros mais tradicionais. Mas, na verdade, escolhas mais inteligentes do ponto de vista financeiro se traduzem em famílias mais ricas, capazes de construir mais planos por mais tempo.

Menos posses, menos gastos com financiamentos e planos para viver experiências se traduzem em maiores reservas financeiras. Isso significa mais poupança, o que deve fortalecer o sistema econômico como um todo. Como as *fintechs* normalmente são criadas para aten-

---

[20] *Fintechs* (contração de *financial* e *technology*) são empresas financeiras de alta tecnologia que visam atender a necessidades específicas do consumidor. Entre elas estão sistemas de pagamento, aplicativos de informação e de controle financeiro, sistemas simplificados de crédito e serviços de seguros menos burocráticos.

der a necessidades e nichos específicos, a tendência é que os bancos percam alguns clientes poupadores para elas, mas, ao mesmo tempo, devem conquistar outros – aqueles que, na realidade consumista, estariam lutando para sobreviver em meio a dívidas.

Obviamente, bancos não sobrevivem se não existirem devedores. Porém, nessa transformação social já em andamento e com a devida conscientização, teremos um encolhimento da demanda de crédito para consumo e um crescimento no crédito para realização de planos e projetos. Os bancos continuarão tendo lucros, porém não mais com base na ganância consumista empobrecedora, e sim na oportunidade de desenvolvimento e enriquecimento de seus clientes.

9
A casa inteligente

Melhorando a escolha inteligente

Quando trocamos o aluguel pela decisão da compra de nossa casa de campo, tínhamos em mente transferir boa parte de nossos momentos de lazer do agito da cidade de São Paulo para a tranquilidade das colinas de São Roque. Na época, o Guilherme era fissurado por futebol, e a casa com campinho gramado de futebol era garantia de diversão e muito suor. As meninas eram e continuam sendo apaixonadas por brincadeiras em piscina, e a piscina da casa, próxima à churrasqueira, era ideal para fazer suar a ala feminina da família. A privacidade proporcionada por uma vista permanente e preservada para a mata era a desejada fonte de tranquilidade. Tínhamos a rotina de estar com amigos todos os fins de semana e sabíamos que não seria difícil convencê-los a estarem lá conosco, já que a casa fica a menos de uma hora de São Paulo.

Mas havia um detalhe, pouco perceptível aos visitantes, que me incomodava. O esgoto dos diferentes ambientes era direcionado para três fossas sépticas. Isso resultava em dois problemas. Primeiro, pelo fato de a casa ser usada intensamente nos sábados e domingos e, às vezes, alugada durante a semana, as fossas estavam sempre enchendo

– não raro, com emanação de mau cheiro. Isso me motivava a reformar esse sistema de esgoto.

O segundo problema, menos evidente, era relacionado à geografia local. A propriedade foi construída em um terreno inclinado com diversos níveis: no topo, fica a casa principal; piscina, campo de futebol, horta e casa do caseiro situam-se em diferentes platôs; e, na parte mais baixa, há um poço caipira para uso eventual em época de seca. O problema é que, sendo o poço lá embaixo, corria o risco de ser contaminado por possíveis vazamentos das fossas construídas acima.

Isso nos levou a pensar em uma questão que fez mudar completamente nossa relação com a casa: se eliminássemos o risco de contaminação do solo pelo esgoto, poderíamos contar com a água do poço para beber ou, ao menos, para banho e piscina?

Partindo dessa questão, estudamos o assunto e decidimos levar para nossa casa o conceito de economia circular:

- Seria possível eliminar completamente a acumulação de esgoto no terreno?
- Seria possível acabar totalmente com o risco de contaminação do lençol freático?
- Em zona com características ainda rurais, não há sistema coletivo de coleta. Seria possível eliminar, no próprio terreno, qualquer resíduo de esgoto sem precisar jogá-lo para fora?
- Seria possível utilizar a água captada do poço ou de outra fonte para abastecer a casa, sem risco de racionamento ou falta d'água?
- Seria possível garantir que o uso eventual do poço não afetasse a capacidade do lençol freático ou as nascentes próximas?
- Seria possível, sem elevar o custo da água, aumentar a capacidade de irrigação da horta e do pomar, incrementando o plantio de árvores frutíferas para podermos colher o ano todo?
- Seria possível garantir água pura nas torneiras com um tratamento realizado na própria casa?
- Seria possível gerar energia elétrica própria, tornando a casa autossuficiente em energia?

- Seria possível implantar soluções que pudessem ser replicadas em qualquer casa?

Com base nessas perguntas, fomos atrás de um projeto de reforma. Não encontramos nada similar feito em escala residencial no Brasil, mas fizemos as contas e decidimos apostar na ideia. Para nossa alegria, todas as perguntas foram respondidas afirmativamente.

O projeto: água e esgoto

Os estudos sobre as possibilidades da reforma começaram no reuso e manejo da água da casa. Vínhamos conversando com especialistas há algum tempo e o que foi sugerido para nossa casa já vinha sendo implantado em pequenas propriedades e vilas em locais desatendidos de coleta de esgoto.

A proposta do especialista que contratamos envolveu as seguintes alterações:
- Eliminação de todas as fossas da casa;
- Construção de um sistema de captação de água dividido em dois subsistemas:
  - Sistema de captação e aproveitamento de água da chuva, com filtragem em caixas de areia e armazenagem em uma grande cisterna de 30 mil litros;[21]
  - Sistema de drenagem da água utilizada na irrigação do campo de futebol, direcionada para infiltração no lençol freático após filtragem em areia.
- Construção de um sistema de coleta do esgoto, também dividido em dois subsistemas:
  - Captação e tratamento de água cinza, nome dado à água de teor alcalino que sai dos ralos de chuveiros e pias, rica em sabão e gordura;

---

[21] O consumo médio original da casa era de 67 mil litros por mês.

- Captação e tratamento de água preta, água riquíssima em matéria orgânica proveniente das descargas de vasos sanitários e das pias com trituradores de lixo orgânico.
- Distribuição de parte não tratada da água cinza para o pomar. Como o solo de nossa propriedade tinha um pH ácido, a irrigação com água de pH alcalino serviria para neutralizar a acidez típica do solo e permitiria o plantio de árvores de frutas mais doces e variadas;
- Sistema de tratamento da água cinza, composto por uma sequência de tanques de aeração e purificação com plantas aquáticas;
- Sistema de destinação da água tratada e do excesso de água captada (para os períodos de muita chuva). O excedente de água já tratada e de teor alcalino transborda para um sistema de valas de infiltração que passa pelos pés de árvores frutíferas, principalmente bananeiras e amoreiras. O excedente de água captada da chuva segue outro caminho e abastece o lençol freático – água limpa e de qualidade, ante o risco anterior de contaminação das fossas.
- Sistema de bombeamento em caso de escassez. Quando isso acontece, uma bomba é acionada para levar água do poço caipira para a cisterna. Custo zero, pois a energia elétrica é gerada na propriedade, como veremos no tópico seguinte.
- Sistema de biodigestão da água preta. O biodigestor é um tanque lacrado onde o esgoto é consumido por bactérias e transformado em biogás, que é utilizado para cozinhar em um dos fogões da área de lazer da casa;
- Sistema de microfiltragem e esterilização da água com raios ultravioleta, entre a cisterna e a caixa d'água principal, para enviar água potável de qualidade para o consumo da casa.

Foram 18 meses de reforma, prazo três vezes maior do que o originalmente previsto. Os motivos do atraso foram, principalmente, falhas de planejamento da engenharia e inexperiência da mão de obra, o que resultou em retrabalho e perda de materiais. Isso acabou por encarecer essa parte da reforma, mas o custo adicional era, de certa forma, esperado diante da inovação do projeto.

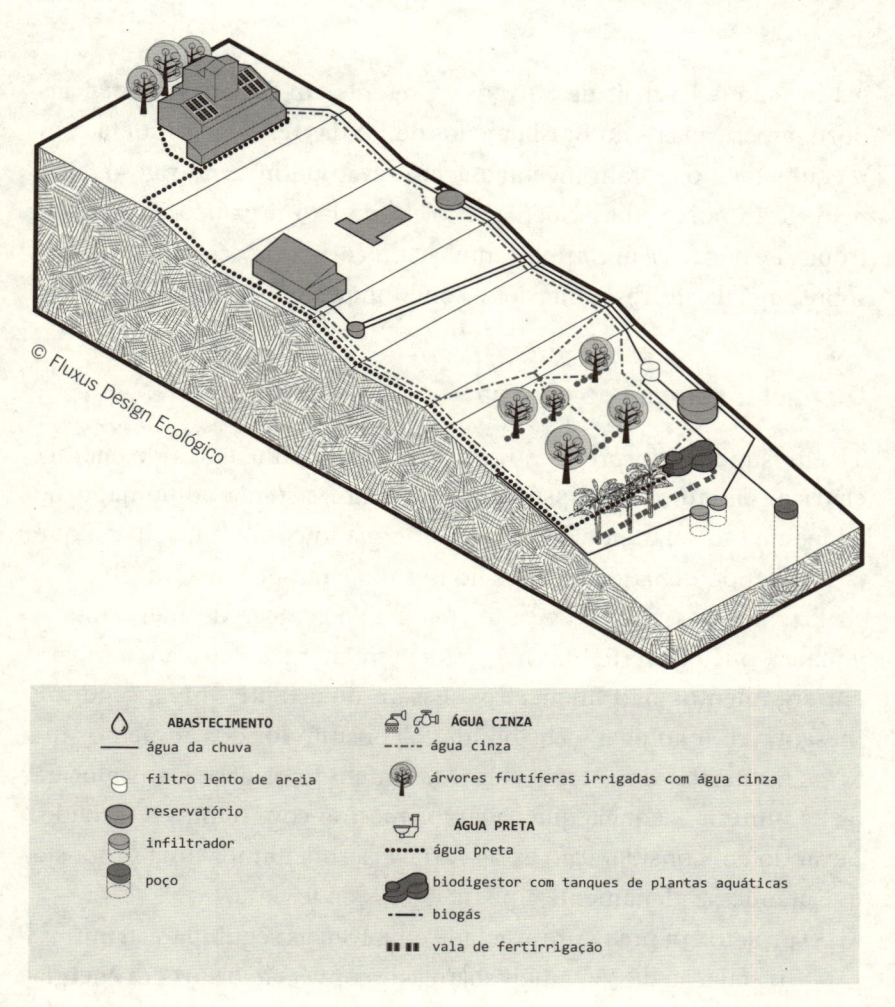

Vale destacar que algumas partes do projeto não são tão inovadoras. Por exemplo, os trituradores de resíduos orgânicos[22] são uma tecnolo-

---

[22] Utilizamos equipamentos InSinkErator com trituração de três estágios, os mais potentes e silenciosos da categoria, capazes de triturar alimentos, cascas e até ossos de frango.

gia inventada há mais de 80 anos e presente em 80% das residências norte-americanas – no Brasil, menos de 1% das residências conta com o equipamento. Foram inventados em razão do inverno rigoroso no hemisfério norte, que impedia a coleta de lixo orgânico. Em países tropicais, pode ser um importante aliado contra moscas, mau cheiro, sobrecarga de aterros sanitários e contaminação do lençol freático.

O projeto: geração de energia

Tivemos menos surpresas no projeto de autossuficiência de energia elétrica. Optamos por instalar na casa um sistema combinado de aquecimento solar e de geração de energia fotovoltaica, solução que já vem sendo debatida há anos no mundo e também no Brasil.

Fizemos nossa opção pela tecnologia de geração de energia fotovoltaica, que converte luz (não calor) em energia elétrica, com base em argumentos não financeiros. Essa é uma fonte limpa, segura e inesgotável. A autogeração "blinda" o consumidor dos aumentos futuros nas tarifas de energia elétrica, limitando os gastos ao valor da tarifa mínima – aquela que pagamos mesmo com o imóvel fechado. Levando em consideração essas variáveis, solicitamos uma proposta que atendesse plenamente a nossa necessidade.

O projeto em nossa propriedade envolveu as seguintes estruturas:
- Instalação de 25 painéis solares de conversão de luz em energia fotovoltaica, com capacidade de geração de 8,1MW por mês;
- Instalação de 16 placas de aquecimento solar, com capacidade de abastecer continuamente com água quente um boiler de 2 mil litros;
- Instalação de uma resistência elétrica no boiler de água quente, para evitar o esfriamento da água aquecida em períodos de menor insolação;
- Adaptação do relógio de leitura para um sistema de duas vias, com medição tanto do consumo da rede quanto da energia gerada em casa e destinada à rede elétrica.

Por exigência da concessionária de distribuição de energia da região,[23] o sistema não gera energia elétrica somente para a propriedade. A geração é, na verdade, para a rede pública de distribuição de energia. O relógio medidor de saída contabiliza a energia gerada e outro relógio, como os que existem na maioria das residências, contabiliza o consumo que temos da rede pública. Quando nossa geração é maior do que o consumo, obtemos créditos que são utilizados para o pagamento da conta na eventualidade de consumirmos mais energia do que geramos.

O projeto é simples, de rápida execução e instalação. O tempo de homologação e autorização de uso pela concessionária, porém, é de alguns meses. Toda a burocracia, no nosso caso, foi conduzida pela empresa instaladora do sistema.

Viabilidade do sistema de água e esgoto

O investimento no sistema de tratamento de água foi feito com base no risco. Ao iniciarmos a reforma, tínhamos apenas o orçamento do projeto de engenharia e uma previsão do custo da mão de obra, com base em uma estimativa de horas de trabalho. Para saber o real custo de materiais, tínhamos que escavar, identificar as tubulações antigas e avaliar se poderiam ser ou não aproveitadas.

Como o sistema era inovador, não tínhamos parâmetros de obras anteriores para estimar preços. Os sistemas que já existiam no mercado eram ou muito acanhados, em pequenas propriedades rurais, ou muito grandes, em shopping centers, indústrias e estádios de futebol.

A proposta era clara: tornar a casa autossuficiente em captação de água, sem a necessidade de uso do poço caipira da propriedade e sem o risco de escassez em períodos de estiagem, contando com o abastecimento coletivo de nosso condomínio apenas em caso de falha no sistema próprio. Obviamente, fazia parte da proposta garantir que a

---
[23] Companhia Paulista de Força e Luz (CPFL).

água de nossas caixas d'água fosse potável e livre de qualquer contaminação, com pH adequado ao consumo e ao equilíbrio do sistema.

Não me proponho a discutir aqui os valores dessa parte da reforma em razão da dimensão do terreno e da complexidade envolvida, que certamente não são padrão. Também levo em consideração que o objetivo não era apenas economizar na conta de água, mas também evitar os riscos de contaminação e de impacto ao ambiente, assim como prevenir a falta de água.

Estimo que, se a casa fosse erguida do zero, o sistema de tratamento particular de água e esgoto equivaleria a cerca de 25% a 30% do gasto total da obra. Em termos de economia na conta de água, os valores mensais que deixamos de desembolsar equivalem a menos de 1% do investimento feito no sistema.

Considero que o custo de nossa reforma foi elevado mais em razão do processo de aprendizagem do que por ineficiências do projeto em si. A empresa responsável pela execução não tinha experiência nesse tipo de projeto e a mão de obra não era capacitada para criar soluções. Com a evolução do conhecimento que citei nos capítulos anteriores, é provável que mais pessoas estudem para desempenhar seus papéis nessa área com maestria. A realidade brasileira atual é que muitos trabalham em obras porque perderam o emprego para o qual estudaram, e não porque estudaram para trabalhar em obras.

A conclusão sobre o sistema de reuso e tratamento particular de água e esgoto é que nossa casa-conceito recebeu um investimento que ainda não sabemos dimensionar em quanto tempo se pagará, mas que:

- Trouxe independência do sistema de fornecimento coletivo, pois temos um sistema de captação de água da chuva, que vem para essa cisterna de 30 mil litros, que equivale a 45% do consumo mensal médio de água, considerando a irrigação diária e a reposição da piscina.
- Blinda contra a escassez em períodos de estiagem. Nos meses de pouca chuva, uma bomba instalada no poço caipira envia água para a cisterna. Bombeamento sem custo, pois a energia é gerada

em casa. E a água bombeada é limpa, sem risco de contaminação, pois a casa, no alto do terreno, não possui mais fossas de esgoto.

- Contribui para a preservação do lençol freático, pois, com a captação da chuva e o reuso da água de irrigação, a água que vem para a cisterna equivale a 120% de nossa necessidade média mensal (superdimensionamos, por segurança). O excedente é levado para o lençol freático através de um sistema de poços de infiltração, que jogam água já filtrada no solo.
- Fornece água pura e filtrada em todas as torneiras e chuveiros da casa, contribuindo para nossa saúde. A água da cisterna é filtrada e tratada antes de ser bombeada para a caixa d'água da casa, lá em cima, já subindo totalmente limpa e purificada com tratamento ultravioleta. Lembre-se de que o custo de bombear essa água é zero, pois a energia elétrica é gerada em casa.
- Elimina o lixo orgânico no momento em que ele é produzido, seja nos vasos sanitários, seja nas duas pias em que instalamos os trituradores de restos de alimentos. Sem lixo orgânico acumulado, eliminamos também o mau cheiro, o chorume e, principalmente, as moscas!
- Fornece parte do gás de que precisamos para cozinhar, a partir do que é produzido pelo biodigestor. A quantidade de gás aproveitado é pequena, pois o custo de comprimi-lo para estocá-lo elevaria o custo total da reforma significativamente, por isso optamos por não fazer isso. Mas, se utilizássemos toda a matéria orgânica produzida pela propriedade, inclusive restos da horta e do pomar e fezes de cachorros, teríamos um aumento significativo na produção de gás.
- Reduz o livre escoamento da água da chuva pelo terreno, reduzindo a contribuição para enchentes e assoreamento de rios, córregos e lagos.

Administrado com zelo, o sistema tem baixa manutenção e o investimento deve ser recuperado. Mas a estimativa desse prazo será mais precisa quando tivermos maior clareza sobre os custos de manutenção ao longo do tempo.

Os resultados palpáveis de nossa reforma, assim que concluída, foram: zero esgoto para fora da casa, economia no gás, abastecimento voluntário do lençol freático, dispensa do uso da água coletiva (aliviando o sistema em períodos de estiagem) e 100% de autossuficiência no consumo de água, que chega filtrada ao banho e às torneiras.

Viabilidade do sistema de geração de energia

Para analisar os resultados do sistema de geração de energia com base em tecnologia fotovoltaica, os dados e a conclusão são bem mais precisos. Especificamente para a geração de energia, foi feito um cálculo inicial que estimou o consumo total da casa e deduziu daí o consumo equivalente ao pagamento mínimo obrigatório da concessionária de energia. Desse cálculo saiu o número de placas de geração de energia necessárias ao nosso projeto. No caso, foram 25 placas, com potência ou capacidade de geração máxima de 8,12 kWP.[24]

Basicamente, esse sistema exigiu um investimento de R$ 42.000 e permitiu reduzir a conta de energia de uma média mensal de R$ 850 para R$ 54. Esse investimento supõe que a propriedade já tinha as instalações elétricas prontas para receber o sistema, que é o que aconteceria em uma casa nova. Não considerei, portanto, nessa análise, a substituição de instalações e fios antigos que fizemos na reforma.

Segundo a estimativa inicial do fornecedor, o investimento total no sistema seria recuperado em cinco anos. Fiz uma análise mais detalhada, considerando o custo de oportunidade do investimento e o valor do dinheiro no tempo, que resultou no prazo de 8,5 anos para recuperar o investimento feito.

---

[24] kWP significa quilowatt pico, ou a capacidade máxima de produção no pico ideal de insolação (luz solar) em dia de céu perfeitamente limpo.

Considerando que o fabricante dos equipamentos garante uma vida útil de 25 anos, com eficiência mínima de 80% no final desse prazo, trata-se de um excelente retorno do investimento. Na prática, é como se eu estivesse pagando, agora, pela energia dos próximos 8,5 anos para ter direito a energia gratuita por mais 16,5 anos. A economia estimada, no caso da minha propriedade, é de cerca de R$ 70.740 em valores atuais. Para quem não entende o conceito de *valuation* ou de desconto de fluxo de caixa, é como se, ao decidir investir os R$ 42.000 na instalação, meu resultado imediato fosse de R$ 70.740. Só que esse resultado voltará ao longo dos anos, em números muito maiores, em razão da correção pela inflação.

Um ponto que não consideramos ao dimensionar nosso projeto foi que, na época em que orçávamos a instalação, nossa casa era iluminada pela extinta tecnologia incandescente. Com a obrigação da mudança para o uso da tecnologia LED, muito mais econômica, o consumo da casa caiu drasticamente e o sistema que instalamos se mostrou superdimensionado. Em outras palavras, nosso sistema gera mais energia do que consumimos.

Segundo a política vigente de geração de energia fotovoltaica por residências, os créditos de energia excedente somente podem ser aproveitados em outro imóvel do mesmo proprietário que esteja sob a jurisdição da mesma concessionária de distribuição de energia. Como minhas propriedades particulares são atendidas por concessionárias diferentes (CPFL e Eletropaulo), esses créditos ainda não podem ser utilizados.

Como não é possível a venda da energia excedente, estaríamos com créditos acumulados que nunca seriam aproveitados, pois eles vencem em 12 meses. Em razão disso, resolvemos incrementar o projeto de iluminação da casa e do jardim, adotamos mais equipamentos elétricos, como sauna elétrica, e compramos bombas mais potentes. Em nossos planos, pretendemos incluir a instalação de recarga rápida de automóveis elétricos.

Sem dúvidas quanto à vantagem financeira da implantação da

energia fotovoltaica, decidimos incluir também no pacote da reforma a instalação de placas de aquecimento solar da água do banho. Essas placas seriam dispensáveis se dimensionássemos um sistema maior de energia fotovoltaica e adotássemos chuveiros elétricos, mas, diante do baixo custo das placas de aquecimento, optamos pelo sistema misto.

Além do retorno financeiro, essa instalação nos propiciou:
- Blindagem contra aumentos tarifários.
- Liberdade para aumentar o uso de energia na propriedade, com a casa generosamente iluminada e sem o peso na consciência de onerar ou de sobrecarregar a concessionária distribuidora de energia.
- Fartura de água quente para banho.
- Sistema de segurança energizado por baterias próprias, sem o risco de ser desativado por corte de energia.
- A valorização significativa da propriedade, pelo fato de estar protegida contra aumentos de energia e preparada para a instalação de sistemas de baterias que podem dar autonomia à casa, mesmo em situações de falta ou racionamento de energia. Optamos por não instalar as baterias ao avaliar as opções disponíveis e entender que, em breve, elas serão mais baratas, mais duráveis e muito mais compactas.
- Monitoramento da produção de energia em tempo real, através de um aplicativo no smartphone, com possibilidade de realizar manutenções, inspeções e atualizações de programas remotamente.
- E (por que não citar?) uma sauna que esquenta rapidamente!

E existem possibilidades ainda não exploradas que devem vir a ser implantadas na propriedade, como estação de carregamento de veículos elétricos, elevadores para cadeirantes e idosos, cobertores elétricos e outras conveniências que dependem de energia, mas que não aumentarão nosso custo mensal.

Casa sustentável e inteligente

É incrível a sensação de gerar a própria energia, sem derrubar árvores, sem represar cursos de rios, sem queimar combustíveis fósseis, sem instalar ventiladores gigantes que, apesar de silenciosos, comprovadamente afetam a vida animal por sua vibração. Temos geração própria, abastecimento do sistema, contribuição para a sociedade, blindagem contra o aumento de preços, diminuição de nossa pegada de carbono, retorno em menos de 10 anos e grande economia durante 25 anos. Sinto-me orgulhoso por colocar em prática esse projeto em nossa casa, que pode ser considerada tecnologicamente avançada sem cobrar da sociedade um preço por isso.

Podemos dizer que nossa casa é sustentável não apenas porque 25% de nosso terreno é coberto por mata nativa. Não apenas porque não consumimos água pública, apesar de a termos disponível. Não apenas porque geramos energia de forma limpa e sem onerar o sistema gerador. Não apenas porque não produzimos lixo ou esgoto, nem porque cuidamos de não poluir o lençol freático.

O que é ser sustentável? Não é sair no domingo e abraçar uma árvore, nem contribuir com R$ 10 para que uma ONG plante mudas em um lugar qualquer. Ser sustentável é, acima de tudo, não ser um ônus para a sociedade.

Existem várias formas de ser sustentável: podemos desperdiçar menos água, gerar menos esgoto, gastar menos energia. A geração desses recursos é limitada e envolve gastos e investimentos públicos.

Mas eu posso ser sustentável construindo minha independência financeira e não aguardando que o governo cuide da minha aposentadoria no futuro. Assim, o governo pode contar com os recursos outrora usados para lidar com a insustentabilidade das pessoas para investir na melhoria da infraestrutura, da saúde, da educação, da sociedade como um todo.

Quanto menos minha família depender de recursos públicos, ou seja, quanto mais autônoma e independente ela for, melhor será a condição da sociedade no futuro. É por isso que descrevi um sentimento de orgulho do projeto implantado em nossa propriedade. Ele é ecologicamente correto, entretanto, é também um projeto que assegura que os custos da família não fujam ao controle nos próximos anos. Isso vale para situações sobre as quais não temos poder de decisão, como falhas em políticas públicas que impõem aumentos desproporcionais nas tarifas de fornecimento de energia e de água e tratamento de esgoto.

É por essa razão que chamo o projeto que implantei de *casa inteligente*. Usa-se esse termo para descrever imóveis com uma série de aparatos tecnológicos, como automação residencial, banheiras acionadas a distância, controles remotos poderosos e falantes que decidem tudo por você.

Eu não considero inteligente esse tipo de equipamento, pois trata-se, na verdade, de bugigangas tecnológicas que impõem um pesado e desnecessário custo às moradias, com funções de pouca utilidade real, que se tornam obsoletas rapidamente e que irão se acumular nos lixões, com grande potencial de contaminação do ambiente.

A inteligência que procurei agregar a minha residência foi o incremento no uso de recursos fundamentais e escassos (água e energia), sem onerar a sociedade e com garantias de me blindar contra aumentos de preços. A vida pode ser mais simples, melhor e mais barata.

Moradias populares

O conceito usado em minha propriedade de São Paulo pode ser adotado em moradias populares a um custo inferior e com uma eficiência financeira semelhante. Para exemplificar, solicitei ao fornecedor do meu sistema fotovoltaico um orçamento para uma capacidade de geração mínima que fosse viável e interessante, em termos de resultados, tanto para a empresa instaladora quanto para o consumidor.

O que é ser sustentável? Não é sair no domingo e abraçar uma árvore, nem contribuir com R$ 10 para que uma ONG plante mudas em um lugar qualquer. Ser sustentável é, acima de tudo, não ser um ônus para a sociedade.

gustavocerbasi

Utilizei os seguintes dados[25] para simular o exemplo:

R$/kW atual	R$ 0,70
R$/kW atual – energia fotovoltaica	R$ 0,70
Taxa de desconto acima da inflação	2,50%
Crescimento do consumo	0,00%
Índice de eficiência (25 anos)	100%
Inflação para o período	0,00%
Média de consumo (anual – kWh)	3.120
Média de consumo (mensal – kWh)	260
Taxas adicionais (50 kW – disponibilidade)	R$ 35,00

O preço do quilowatt foi estimado em R$ 0,70. Considerei que não há subsídios para quem instala um sistema fotovoltaico em casa (deveria haver, se o planejamento público fosse mais preventivo e de longo prazo e estimulasse iniciativas que desonerassem os cofres públicos), por isso o preço do quilowatt se manteve inalterado. Considerei também que o custo de oportunidade[26] é de 2,5% ao ano e que não está previsto crescimento no consumo da propriedade. O índice de eficiência de 100% significa que o sistema não perderá eficiência ao longo do tempo – ou seja, que será mantido com zelo. A inflação foi zerada para facilitar a compreensão dos números sem distorções – mas, como o custo da energia tende a crescer acima da inflação, quanto maior a inflação, maior a vantagem de adotar o sistema fotovoltaico.

Defini que a casa consome 260 kW de energia por mês e que a concessionária de energia cobra o equivalente ao consumo mínimo de 50 kW, independentemente de quanto a família utiliza de energia. Neste exemplo, esses 50 kW custam R$ 35.

O custo para implantar o sistema de geração fotovoltaica na pro-

---

[25] Números reais baseados em dados de mercado em São Paulo, em março de 2019.
[26] Custo de oportunidade pode ser entendido como o rendimento que o consumidor teria se poupasse os recursos investidos no projeto de energia.

priedade foi orçado em R$ 10.900, levando em conta a possibilidade de financiamento conforme a tabela abaixo:

Investimento	R$	10.900,00
Entrada	R$	–
Financiamento	R$	10.900,00
Taxa anual de juros		2,00%
Número de parcelas		36
Carência (dias)		30
Taxas de abertura de crédito	R$	1.000,00
Seguro		2,20%
Sistema		PRICE

As opções de crédito disponíveis no mercado para essa modalidade de instalação não permitem prazos de financiamento maiores do que três anos. Simulei o financiamento, sem exigência de entrada, do valor de R$ 10.900 a juros subsidiados de 2% ao ano, com taxa de abertura de crédito de R$ 1.000 e parcelamento em três anos ou 36 parcelas. Incluí um seguro de 2,20% do valor do crédito, padrão nesse tipo de operação. O fluxo resultante desse financiamento foi o seguinte:

ANO	CONTA SEM FOTOVOLTAICA	CONTA COM FOTOVOLTAICA	ECONOMIA	FINANCIAMENTO
1	R$ 2.184,00	R$ 420,00	R$ 1.764,00	R$ 5.779,52
2	R$ 2.184,00	R$ 420,00	R$ 1.764,00	R$ 5.779,52
3	R$ 2.184,00	R$ 420,00	R$ 1.764,00	R$ 5.779,52
4	R$ 2.184,00	R$ 420,00	R$ 1.764,00	R$ –
5	R$ 2.184,00	R$ 420,00	R$ 1.764,00	R$ –
6	R$ 2.184,00	R$ 420,00	R$ 1.764,00	R$ –
7	R$ 2.184,00	R$ 420,00	R$ 1.764,00	R$ –
8	R$ 2.184,00	R$ 420,00	R$ 1.764,00	R$ –
9	R$ 2.184,00	R$ 420,00	R$ 1.764,00	R$ –
10	R$ 2.184,00	R$ 420,00	R$ 1.764,00	R$ –
–				
36	R$ 2.184,00	R$ 420,00	R$ 1.764,00	R$ –
TOTAL	R$ 54.600,00	R$ 10.500,00	R$ 44.100,00	R$ 17.338,57

A conta de energia, de R$ 2.184 anuais ou R$ 182 mensais, poderia ser reduzida para R$ 420 anuais ou R$ 35 mensais (o mínimo obrigatório). Porém, para essa redução acontecer, o interessado precisaria estar disposto a desembolsar, durante três anos, R$ 5.779,52 anuais ou R$ 481,63 de prestação mensal. Ante os R$ 182 mensais da conta original, isso significaria um gasto mensal total de R$ 516,63 durante 36 meses, R$ 334,63 a mais do que pagaria sem a instalação fotovoltaica.

Nessas condições, haveria uma taxa interna de retorno do projeto de 11,94% e retorno do investimento em 11,8 anos. Taxas interessantíssimas, dada a economia de energia em uma vida útil de 25 anos. Porém, o desafio é convencer famílias que vivem em moradias populares a desembolsar esses R$ 334,63 adicionais durante três anos para garantir uma economia significativa na conta de luz nos 22 anos seguintes. Há um importante trabalho de conscientização a ser feito.

Destaco, porém, que fiz diversas simulações para testar a viabilidade do financiamento popular de um sistema desses. Mesmo que os prazos concedidos fossem maiores, o custo típico do financiamento inviabilizaria o pagamento das prestações apenas com a economia de energia. Para tornar realmente popular o acesso a esse tipo de energia, os prazos de financiamento deveriam ser da ordem de 22 anos, e a taxa de juros subsidiada, de até 1% ao ano acima da inflação.

Iniciativas governamentais

Se a implantação da produção própria de energia fotovoltaica é rentável e se sistemas de reuso de água e tratamento particular de esgoto são tão interessantes para o coletivo, por que não adotar políticas públicas que estimulem a adoção dessas práticas pela sociedade?

Existem algumas alternativas de utilização inteligente de recursos públicos que poderiam tornar mais acessíveis e viáveis as práticas sustentáveis que sugeri. Uma delas é rever a destinação de recursos orçamentários voltados à infraestrutura. Verbas destinadas a ampliar serviços ineficientes poderiam ser gradualmente redirecionadas para incentivar a adoção de sistemas eficientes.

Por exemplo, parte da verba destinada a criar novos aterros, conhecidos também como lixões, poderia ser usada como incentivo fiscal (redução de impostos) à produção e comercialização de trituradores de lixo orgânico e de placas de conversão de energia fotovoltaica.

Do ponto de vista da sustentabilidade, a energia solar fotovoltaica, gerada no próprio local de consumo, reduz drasticamente a necessidade de maiores investimentos das concessionárias na infraestrutura de transmissão e distribuição. Isso significa que haverá menos necessidade de geração por hidrelétricas e, consequentemente, menos áreas inundadas, menor risco ambiental e preservação de espécies e ecossistemas, entre outros benefícios. Isso também permite reduzir, com o tempo, a necessidade sazonal do uso de termoelétricas e suas "bandeiras tarifárias".

As bandeiras tarifárias são uma prática adotada pela Agência Nacional de Energia Elétrica brasileira, a ANEEL, que consiste em adotar diferentes políticas de preço ao consumidor (ou diferentes bandeiras tarifárias, em alusão às diferentes bandeiradas do transporte por táxi), de acordo com o tipo de geração de energia usado no período: hidrelétrica, termoelétrica ou mista.

Se, para construir uma usina hidrelétrica, gastam-se bilhões dos cofres do governo e afeta-se uma vasta área a ser inundada, por que não usar esse volume de recursos para financiar a aquisição e instalação de sistemas de geração de energia fotovoltaica? Repare: não estou sugerindo custear a instalação, mas sim *financiá-la*. Recursos públicos podem ser usados para bancar a instalação desses sistemas, que podem ser particulares ou comunitários, e o pagamento desse financiamento (ou seja, o retorno com juros para os cofres públicos) pode ser feito através da própria concessionária de energia, por meio da conta de luz. Basta incluir a parcela do financiamento na cobrança mensal e, uma vez quitado o financiamento, o cidadão ou a comunidade passam a desfrutar de uma impactante redução no custo da energia.

Outra política pública que pode ser testada é incentivar a mobilidade geográfica com base em benefícios para a mudança regional de famílias. Historicamente, houve no Brasil um fluxo migratório das regiões mais áridas do Nordeste do país para as regiões mais desenvolvidas e de clima mais temperado do Sul e do Sudeste. Esse fluxo, que ocorreu sem o devido planejamento público, não encontrou oportunidades de emprego e de estudo suficientes e deu início a um processo de favelização das grandes cidades.

Os principais motivadores do fluxo migratório foram a fome, a seca (e a falta de condições para lidar com tais situações) e a carência de conhecimento dos migrantes sobre o caro custo de vida das regiões para onde iam. Uma política de incentivo à distribuição mais homogênea da população pelo território poderia incluir programas de financiamento de moradias autossuficientes. A geração fotovoltaica é mais eficiente nas latitudes mais baixas, próximas ao Equador (devido à insolação mais direta e intensa), e um sistema de bombeamento de água subterrânea comprovadamente viabilizaria uma agricultura com menos sazonalidade e menos afetada por períodos de estiagem.

Com moradia, energia, água e gás mais baratos em regiões favoráveis à agricultura, é provável que a saudável inversão do fluxo migratório aconteça mais rapidamente.

Outra possibilidade é a oferta de um preço do quilowatt mais barato para quem instala um sistema de geração fotovoltaica. Não há por que repassar o custo da estrutura dos linhões de transmissão e do sistema de distribuição coletivo para quem não precisa contar com isso.

O problema é que, na transição de um sistema arcaico e ineficiente para outro mais eficiente e sustentável, concessionárias de energia não se mostrarão favoráveis a abrir mão de clientes nem a repassar custos maiores do aluguel da estrutura a um número cada vez menor de usuários. Como tais empresas planejaram, ao pagar as concessões ao governo, um número crescente de usuários ao longo do tempo, provavelmente essa perda teria que ser compensada pelo governo. É algo a ser colocado na balança, com resultados mensuráveis a longo prazo.

10
Blindando a aposentadoria

Existe futuro?

Você não terá um futuro enquanto não entender o que é o futuro. Segundo estatísticas da Susep,[27] a idade média em que brasileiros contratam seu primeiro plano de previdência privada é entre os 30 e 35 anos. Não coincidentemente, é a idade média em que casais costumam ter filhos.

Na prática, essa estatística evidencia que o brasileiro não costuma se preocupar com a acumulação para o futuro enquanto não tem filhos. A chegada dos filhos vem carregada de um sentimento de responsabilidade e da necessidade de tirar o atraso em relação a decisões importantes que estavam ficando de lado. O nascimento dos filhos costuma gerar também mudanças para hábitos mais saudáveis, como a redução do consumo de álcool e a *tentativa* de manter o sono em quantidade suficiente.

Filhos nos fazem olhar adiante. Fazem com que nos preocupe-

---

[27] Superintendência de Seguros Privados, entidade reguladora e fiscalizadora das instituições que comercializam e administram serviços de seguros e previdência privada.

mos em garantir que as necessidades deles sejam atendidas. Fazem-nos pensar no mundo que estamos deixando para eles. Na verdade, eles despertam nossa consciência para necessidades que são nossas também, mas que insistimos em ignorar até que a vida nos dê um alerta. Só nos preocupamos com o futuro quando entendemos o que ele significa.

Por outro lado, o futuro que queremos para nossos filhos ou para nós mesmos (no caso dos mais conscientes) não será bom enquanto for apenas futuro. O futuro nada mais é do que uma evolução de nossos vários atos presentes. Se o presente é bom e equilibrado, o futuro tende a continuar bom e equilibrado. Se o presente é caótico, desequilibrado e sacrificante, e a pessoa sonha diariamente com algo que só acontecerá lá na frente, esse futuro se distancia cada vez mais da possibilidade de se tornar realidade.

Aposentados morrem de depressão porque não sabem viver a aposentadoria que construíram. Hábitos não foram criados, toda a rotina "futura" é diferente da loucura que viveram e com a qual se habituaram. Quando conquistam o que almejaram por tanto tempo, caem no vazio. Não souberam *sustentar* boas escolhas ao longo da vida. A construção do futuro começa, sem dúvida alguma, por arquitetar uma vida presente bem vivida, saudável e equilibrada, com cuidados para não perder essas qualidades ao longo do tempo. Afinal, ninguém sabe até quando viverá e quando o "futuro" realmente acontecerá.

Um plano que se sustenta

Foi com base nesse raciocínio que formulei o modelo de planejamento que foi detalhado no livro *Adeus, aposentadoria*. De forma resumida, ele envolve viver melhor, priorizar gastos com cuidados pessoais e educação, racionalizar despesas fixas para que sejam sustentáveis e planejar a carreira e a educação para que continuamente estejamos envolvidos com algo que nos fascine.

Futuro? Não está nos planos. O modelo considera sustentar ou não perder as escolhas da vida presente. Aposentadoria? Não há motivo para se aposentar quando o desejo é transformar e conquistar, e quando há saúde para isso.

Não serei redundante em detalhar aqui um planejamento financeiro de acumulação com base em investimentos. Sim, você precisa elaborar planos, ajustar seu orçamento para torná-los viáveis, selecionar bem uma carteira de investimentos para ganhar eficiência em seus planos, rebalancear essa carteira ao longo dos anos e saber celebrar cada conquista. Para detalhes sobre esse tipo de planejamento, recomendo a leitura de *Dinheiro: Os segredos de quem tem* e *Como organizar sua vida financeira*, preferencialmente nessa ordem.

Esse plano deve se encaixar na lógica do equilíbrio, da vida longa e da não aposentadoria proposta em *Adeus, aposentadoria*. Mas isso exige bom senso e escolhas sustentáveis.

Minha proposta, aqui, é trazer soluções para obstáculos (seriam desculpas?) tidos como impossíveis de transpor quando sugiro ajustes nas contas para que as famílias tenham uma vida muito mais próspera. Nos capítulos anteriores, espero ter deixado claro que, em vez de oferecer dezenas de dicas de economia doméstica em busca de centavos de poupança, meu foco é sempre na redução das ineficiências das más escolhas relacionadas ao padrão de vida. Afinal, o ajuste em uma grande escolha traz com ele o efeito cascata que deve aliviar o orçamento.

O caminho que recomendo, portanto, inclui:
- Rever o tamanho e o valor da propriedade onde você vive ou irá viver, pensando se não está cometendo exageros.
- Priorizar o conforto para que se sinta em um lar, e não apenas em uma moradia.
- Estudar para fortalecer sua empregabilidade e sua motivação para o trabalho.
- Ter planos para se blindar contra o aumento dos gastos – tanto a inflação como o encarecimento da vida imposto pela idade.

- Rever seus planos frequentemente para aperfeiçoá-los e para melhorar a carteira de investimentos.

Não conte com reduções de gastos na saída dos filhos de casa, com isenção maior do imposto de renda após os 65 anos ou com os descontos típicos para idosos. Quem é considerado idoso hoje pode não ser amanhã.

Em dezembro de 2018, a Sociedade Italiana de Gerontologia e Geriatria decidiu adiar a velhice em 10 anos, com base no argumento científico de que, hoje, uma pessoa de 65 anos possui as condições físicas e cognitivas que uma pessoa de 40 ou 45 tinha há 30 anos. Com isso, os italianos passaram a ser considerados idosos somente a partir dos 75 anos. Esse número, na verdade, é definido apenas para estabelecer direitos públicos dos idosos. Os geriatras afirmam que uma pessoa deve ser considerada idosa somente nos 10 anos anteriores a sua expectativa de vida. Esse fato não pode ser desprezado.

Os gastos devem subir com o passar dos anos, e esse crescimento deve ser coberto, preferencialmente, pelo aumento dos ganhos obtidos a partir dos investimentos ou dos negócios. Por isso, um planejamento da fase pós-trabalho deve considerar também um envolvimento maior com investimentos e/ou com negócios ou atividades empreendedoras, nem que sejam apenas para complementar a renda.

De qualquer forma, além do cuidado com a renda futura, é extremamente oportuno limitar as possibilidades de incerteza em relação aos gastos. Aqui entra o conceito da casa inteligente: investimentos feitos na fase mais produtiva da carreira (ou com recursos da verba rescisória da aposentadoria) que resultam em melhorias que protegem o orçamento contra a elevação de preços e a escassez. Essa estratégia proporciona maior tranquilidade e menor dependência de aumento da renda com o passar dos anos.

Planos de mudança

Seus planos para o futuro devem considerar pelo menos:
1. Possibilidades de criar uma renda independente de seu esforço produtivo, que seja sustentável e preferencialmente crescente;
2. Possibilidades de limitar o aumento ou mesmo de reduzir os gastos pessoais ou familiares.

Há ainda uma terceira possibilidade, que é planejar, para determinado momento da vida (quando oportuno ou mesmo necessário), a mudança para uma moradia melhor e mais econômica. Não necessariamente menor, mas essa hipótese também deve ser considerada se o conforto resultante for maior.

Se, ao cogitar reformar sua casa para torná-la mais sustentável, mais confortável ou mais segura, você constata que esse projeto não cabe no seu orçamento, por que não inverte o raciocínio?

Por que não planeja a mudança para outra casa que, reformada, lhe permita ter aquilo que você não tem na atual? Por exemplo, se sua casa vale R$ 500 mil e tem um custo mensal de R$ 2 mil, por que não vendê-la, comprar uma de R$ 300 mil e reformá-la para limitar o custo mensal a R$ 1 mil? E, como a ideia é mudar, por que não considera uma casa que lhe permita ter um pomar e um jardim? São elementos que, se não resultam em economia significativa, certamente possuem um significado especial para a família e os netos.

Lembre-se de que a vizinhança cara que pode ser conveniente para quem trabalha e precisa estar próximo de seus contatos profissionais pode não ser tão interessante para a vida em uma fase de menos plantio e mais colheita. Pode ser que as contas para a aposentadoria não fechem quando o plano for viver onde você está hoje. Mas a 50 ou 100 quilômetros de seu bairro pode haver um nível significativamente maior de qualidade de vida a um custo significativamente menor.

Eu insisti na possibilidade de reforma e não na compra de uma casa inteligente pronta por um simples motivo: a constatação de que esse tipo de casa tem valor de mercado significativamente maior do que o de uma casa convencional. O diferencial se deve, principalmente, ao fato de as linhas de crédito para esse tipo de tecnologia ainda serem escassas e pouco vantajosas (como expliquei na análise da moradia popular).

Casa própria ou investimento?

Todo o raciocínio exposto até aqui adota como premissa um fato que poucos contestam (ao menos no Brasil): o de que a propriedade em que vivemos durante a fase mais produtiva da vida não deve ser incluída no cálculo do patrimônio que irá proporcionar renda para a nossa independência financeira. Na prática, como pensamos em viver em nosso imóvel próprio até o fim da vida, a casa em que moramos é consumo, não deve ser considerada como investimento.

Mas... não deve mesmo? Em consultorias financeiras tradicionais e mesmo no meu curso Inteligência Financeira, a orientação é desconsiderar a sua moradia como patrimônio. Afinal, você a está consumindo e, provavelmente, pretende continuar fazendo isso até o fim da vida. Se não for a mesma moradia, será outra, mais compacta, funcional e inteligente. Porém, se pensarmos em um cenário em que imprevistos podem arruinar seu patrimônio de modo a só lhe sobrar a moradia como bem, provavelmente você passará a enxergá-la como reserva de valor. E isso não está errado, se as escolhas forem coerentemente conduzidas.

Em países com idade média mais avançada, a solução encontrada para a terceira idade considera a moradia como patrimônio a ser convertido em renda. Canadenses e norte-americanos, por exemplo, incluem seus imóveis no cálculo da independência financeira porque:
- Pagam uma hipoteca a custo baixo por vários anos (até 35), com a ideia de que estão fazendo uma poupança forçada;
- Próximo à aposentadoria, liquidam a hipoteca e vivem alguns anos com custo mais baixo, planejando a vida como idosos;

- Em determinado momento, reconhecem que é interessante viver com serviços de assistência para idosos por perto, em residenciais específicos para a terceira idade;
- Os residenciais para idosos podem ser pagos mensalmente, mas também aceitam converter um grande valor em um título vitalício;
- Como consequência, os imóveis são vendidos para poder bancar o título vitalício do residencial de idosos.

Quando menciono residenciais de idosos, não estou me referindo aos asilos que conhecemos, com quartinhos que lembram enfermarias, cadeiras de rodas para todo lado e enfermeiras dando mingau e gelatina na boca de seus pacientes. Os residenciais a que me refiro são verdadeiros resorts, com quartos configurados como os de hotéis, serviços e atividades físicas variados, piscinas, esportes alpinos ou aquáticos (é comum se localizarem à beira de lagos ou no litoral), passeios e excursões periódicas, cursos, cotas anuais de viagens, serviços de mensageiro e motorista e clínicas geriátricas próprias. Por essa variedade de serviços, custam pequenas fortunas por mês, daí a conveniência de converter uma moradia em pagamento vitalício. Alguns desses empreendimentos, inclusive, oferecem o serviço de aquisição da moradia e tratam dos trâmites de vender ou administrar a renda de aluguel desses imóveis.

É uma realidade que combina serviços convenientes com cuidados para garantir a qualidade de vida desejada por seus clientes. Esse modelo tem se espalhado pelo mundo à medida que a população envelhece e demanda serviços com cuidados específicos para os idosos.

Co-living

Existe uma possibilidade ainda não considerada nos cenários que descrevi até agora para a aposentadoria: a de não haver sequer a moradia para ser vendida, trocada ou reformada. Há pessoas cujas falhas

Riqueza é não faltar o que é importante para nós. Minimalismo é ter abundância do que mais precisamos.

◉ gustavocerbasi

no planejamento financeiro ou de carreira foram tão grandes que o patrimônio, a certa altura da vida, pode ser considerado inexistente.

Mesmo para esse tipo de situação há solução. Não se trata de algo exatamente novo, e sim de um antigo hábito social de culturas orientais e latinas que foi quase abandonado com a vida moderna, mas que voltou com força como solução para o alto custo de vida nas cidades.

Conto um pouco da história de minha família para exemplificar. Eu cresci indo semana sim, semana não para o interior de São Paulo. A família de meu pai imigrou da Itália para o Brasil e se instalou na cidade de Americana, a cerca de 130 quilômetros da capital. Desde pequeno, eu admirava muito como viviam os três tios do meu pai. Meus avós moravam em um sitiozinho e os três tios moravam em uma área mais urbanizada, já na cidade. Eram três casas vizinhas quase idênticas (só mudava a cor), muito simples e pequenas, conectadas nos fundos por um terreiro enorme, que tinha plantação de uvas, tomates, laranjas e cerejas. Meus tios-avós jogavam truco boa parte do tempo, a criançada ficava por ali, as tias preparavam o almoço de domingo na cozinha coletiva. Na frente víamos três pequenas casas, mas tratava-se de uma grande propriedade dividida entre três famílias. Anos depois, fiquei sabendo que esse conceito de vila familiar veio da Itália, pois os primos desses tios sempre viveram assim.

Na impossibilidade de bancar individualmente o conforto desejado, por que não compartilhar a comodidade viável? Esse conceito voltou com força e tem sido chamado de *co-living*.[28] Não é exatamente o mesmo conceito de uma república de estudantes, onde todos compartilham tudo: sofás, cadeiras, geladeira, fogão, bagunça e odores. No *co-living* moderno, pessoas de perfis diferentes compartilham a necessidade ou a oportunidade de viver melhor, sob regras rigorosas de convívio para respeitar a liberdade individual.

Por exemplo, famílias ou pessoas que optaram por sair de uma condição medíocre ou mediana em troca de uma condição melhor,

---

[28] Termo em inglês que pode ser traduzido como moradia compartilhada.

porém partilhada. Imagine uma pessoa com renda baixa – pode ser um jovem começando a vida profissional ou alguém que escolheu uma carreira que não paga muito – que prioriza viajar e não tem muita verba para moradia. Ela tem a opção de morar sozinha num bairro de classe média baixa ou numa comunidade/favela ou então se mudar para um bairro nobre, dividindo com mais quatro pessoas um apartamento de cinco suítes pelo mesmo custo individual.

Em muitos países, idosos sobrevivem ou complementam sua renda alugando parte da moradia para outras famílias ou para estudantes de intercâmbio. Não é exatamente o conceito de *co-living*, mas trata-se de uma ideia similar. De forma planejada, compra-se uma casa que pode ser dividida em duas ou mais para complementar a renda quando necessário. O formato mais comum é o de uma casa com porão em que uma das duas partes é alugada – dependendo da necessidade, proprietários moram no porão e alugam a parte nobre da casa.

Diferentemente da intensa convivência hippie dos anos 1970, o *co-living* moderno funciona com regras rigorosas como as de um negócio familiar, com conversas frequentes, regras compartilhadas, discussões de relacionamento (DRs) coletivas e periódicas para cobrar quem está seguindo as regras ou não. Blogs especializados ensinam a estruturar a dinâmica desse tipo de convívio.

Não importa se é um apartamento luxuoso de frente para o mar, uma grande casa urbana, um sítio bucólico ou uma casa simples em que irmãos idosos vivem juntos, o *co-living* é uma solução interessante para equilibrar as contas na aposentadoria ou antes dela.

Essa lógica tem ajudado jovens que estão em busca de uma vida mais rica sem a preocupação de serem proprietários – ou os únicos proprietários – do imóvel, mas interessados em poupar para objetivos mais ambiciosos.

Jovens que, por não estarem tão focados em altos salários quanto seus pais, estão se educando para ter uma vida mais feliz, mais equilibrada e, com isso, tenderão a ganhar menos do que a geração anterior. Ganhando menos, estão ajustando seu consumo, alugando imóveis mais compactos, adotando práticas de *co-living* ou *couch surfing*. Essa vida mais saudável, mais criativa e com mudanças mais frequentes, como já expliquei, provavelmente é menos endinheirada – mas isso não significa que seja pior.

Riqueza viável

Ao propor planos flexíveis e alternativas caso seu projeto de independência financeira fracasse, total ou parcialmente, por alguma situação da vida, não quero desestimular a prática do caminho mais coerente e objetivo para essa construção de patrimônio.

Organizar suas contas, torná-las mais eficientes e investir seguindo planos traçados com clareza ainda são a melhor opção para quem tem tempo pela frente ou para quem ainda não teve condições de praticar o autoconhecimento. Dúvidas em relação à viabilidade do modelo que propus neste texto são um sinal de que o assunto precisa ser mais bem estudado.

Porém, opções como a simplificação da vida futura, a migração para regiões afastadas das grandes cidades e o *co-living* deveriam ser cogitadas por todos em algum momento de seus planos. Trata-se da lógica tranquilizadora de possuir um plano B caso seus projetos principais se mostrem inviáveis.

Muitos dos problemas financeiros vividos pelas famílias em várias fases da vida, inclusive a aposentadoria, são resultado da resistência a aceitar derrotas, falhas e necessidades de ajustes em seus planos, ou consequência de não se considerar a possibilidade de um caminho alternativo, um plano B.

Na melhor das intenções, muitos chefes de família apostam todas as suas fichas em roteiros de vida que funcionaram para outras pessoas, ou melhor, que *aparentemente* funcionaram. Nunca esqueçamos que podemos ver a casa, o carro e as roupas de grife que nosso vizinho ostenta, mas não vemos os problemas de sua conta bancária. A grama do vizinho sempre parece ser mais verde do que a nossa.

Flexibilizar planos é aumentar as possibilidades que temos. A sociedade tende a ver o morador de uma comunidade carente como alguém relegado pela sociedade, mas ele também tem uma parcela de responsabilidade (ou melhor, de irresponsabilidade) em suas escolhas. Provavelmente, por falta de informação ou de educação para estruturar planos para a sua vida e a de seus familiares, o migrante que deixou sua terra em busca de oportunidades que não existem fez uma grande e ousada aposta.

Acreditou que teria emprego em uma sociedade pujante, sem pesquisar sobre quais habilidades eram exigidas dos empregados bem remunerados dessa sociedade. Não pesquisou quanto teria que receber para poder sustentar uma vida minimamente confortável nessa realidade que pouco conhece. Contou com o amparo de um governo que não tem tradição de ajudar de forma sustentável. Foi ingênuo ao acreditar que poderia competir sem ter se preparado. E mais ainda ao crer que o governo, a sociedade ou Deus o ampararam. Confiou no vento e se viu à deriva.

Algumas dificuldades podem ser evitadas com uma combinação de estudo, planejamento e organização pessoal. A educação nos ensina a perseguir o que é importante e está alinhado com nossos valores. A falta de educação nos leva a buscar símbolos de riqueza que nos insiram em uma sociedade estranha, da qual não esperamos nada além de aprovação. Esse é o resultado da falta de autonomia e de autoconhecimento.

Riqueza é não faltar o que é importante para nós. Minimalismo é ter abundância do que mais precisamos. A dificuldade de muitos não está em ter ou não ter, mas sim em saber o que é preciso ter. A razão dos problemas financeiros, na maioria dos casos, está na dificuldade em identificar o que é importante – ou, essencialmente, na dificuldade de fazer boas escolhas, de saber ponderar.

E aqui não há outro responsável pelo problema a não ser a falta de uma educação que prepare os jovens adequadamente para as decisões da vida adulta. Responsabilidade que cabe, sem nenhuma margem de dúvida, ao governo, em suas diversas esferas. Em vez de distribuir recursos apenas para convenientemente angariar votos, o papel do governo é prover normas para a educação e coordenar iniciativas para que tais normas e conteúdo sejam distribuídos de forma igual. Isso promove a igualdade e amplia as oportunidades. A educação não cumprirá o seu papel enquanto não incentivar a sustentabilidade, as práticas empreendedoras e o planejamento para a sobrevivência e para o convívio em sociedade.

Mesmo desgovernada ou com governos que funcionam sob uma lógica medieval, a sociedade vem se conscientizando e ruma para um patamar de riqueza maior e mais bem distribuída. A universalização do acesso à internet supre parte da educação que falta nas escolas (em alguns casos, supre a falta de escolas ou professores). Práticas e soluções bem-sucedidas ganham força e repercussão através das redes, fortalecendo a discussão sobre os prós e contras do *co-living* e dos residenciais de idosos, por exemplo. Se você pesquisar esses assuntos, irá se surpreender com a quantidade de iniciativas existentes para diferentes níveis de poder aquisitivo.

Nada define melhor o conceito de riqueza do que liberdade de escolha.

◉ gustavocerbasi

11
Riqueza essencial

Simplesmente a essência

Pare de se enganar. Acumular recursos e conquistas não irá fazer de você uma pessoa mais feliz se você não souber o que é felicidade, ou se as conquistas forem apenas reflexo da felicidade que você vê nas redes sociais dos outros.

Uma vida mais rica, é importante destacar, depende cada vez menos de dinheiro. Uma vida mais rica, alguns anos atrás, talvez significasse ter um carro que poucas pessoas poderiam comprar ou uma casa própria que pouquíssimos poderiam bancar. Riqueza era ter um conforto pouco acessível.

Hoje, com a evolução da tecnologia, com as trocas, com uma cultura cada vez mais minimalista (felizmente) e com a inteligência financeira em expansão, a sociedade está desenvolvendo uma forma mais eficiente e evoluída de viver. Ao compartilhar mais conhecimento e experiências, as pessoas percebem o valor dessa mudança, encontram caminhos para praticá-la e entendem que uma vida mais rica não depende necessariamente de posses.

Maximize sua experiência de vida. Uma vida mais rica é uma vida de mais experiências. Alguns podem achar difícil escolher o caminho da vida mais rica quando temos um mundo em franca transformação. Como escolher esse caminho? Experimentando, testando, dando-se a oportunidade de conhecer e interagir com pessoas diferentes, de viver experiências novas. Aguce sua curiosidade. Dê-se a oportunidade de conhecer o mundo, de aprender coisas que não são da sua área de conhecimento. Dê-se a oportunidade de estreitar relacionamento com pessoas que você admira – as redes sociais permitem hoje um contato que antes era inacessível.

Nada define melhor o conceito de riqueza do que liberdade de escolha. Terá liberdade quem não depender do contracheque no início do mês nem da estabilidade no emprego pouco satisfatório para continuar pagando suas contas.

O planejamento financeiro liberta quando lhe traz a possibilidade de construir reservas que possam gerar a renda de que você precisa. O autoconhecimento liberta quando permite que você diga não a objetivos pouco recompensadores e concentre-se na aquisição ou na manutenção do que a maioria sente falta: tempo livre, família, cuidados com a saúde, experiências, compartilhar o que você ama com quem você ama.

Comecei o livro com uma reflexão importante: ser rico é ter fartura daquilo que é importante para você. Reforço: maximize sua experiência de vida. Vá atrás do que manda seu coração, mas não vá tomado pela emoção. Faça planos que respeitem o que pede seu coração. Use a cabeça, o conhecimento, a matemática financeira, os investimentos e tudo o que conquistar para celebrar mais.

Em um dos eventos ao vivo que fiz para os alunos do curso Inteligência Financeira, realizei uma enquete sobre o que significava *riqueza*. Pedi que respondessem com uma ou duas palavras. O público era formado por alunos que passaram três meses ou mais estruturando seu planejamento financeiro, arquitetando sua carteira de investimentos e refinando planos para conquistas ambiciosas (o roteiro base do curso). Essas pessoas estavam se organizando para viajar mais, adquirir mais conforto na vida e conquistar a independência financeira em um prazo conhecido. Pode-se dizer que era um grupo de pessoas esclarecidas e com um elevado nível de poder de escolha. As respostas mais frequentes foram nesta ordem: liberdade de escolha, equilíbrio, tranquilidade e família.

Perceba que não são pessoas que deram essas respostas por se resignarem com o pouco que têm. Ao contrário, elas possuem as ferramentas para escolher ter ou abrir mão de ter. São pessoas que foram convidadas a refletir sobre a essência de suas escolhas.

Sobre a educação que já não falta

A capacidade de fazer boas escolhas pode ser aprendida e ensinada. Quando, em 2002, escrevia meu primeiro livro, *Dinheiro: Os segredos de quem tem*, a educação financeira simplesmente não existia nas escolas do Brasil, mas já começava a ser adotada em políticas públicas de educação em alguns países. De lá para cá, a sociedade civil e o governo se mobilizaram e colocaram em prática incontáveis iniciativas no sentido de fortalecê-la. Dessa mobilização nasceu a ENEF (Estratégia Nacional de Educação Financeira), que incluiu a educação financeira no currículo escolar e guiou as instituições de ensino no sentido de estruturar a disciplina. É uma vitória e tanto.

Porém, eu considero essa vitória parcial. A educação financeira presente hoje no currículo escolar está estruturada, na maioria das metodologias adotadas, para ensinar mais sobre finanças do que sobre escolhas. Trata-se de um programa que ensina as crianças a contabilizar e a somar valores para projetarem em quanto tempo elas se tornarão milionárias, ou algo do tipo. Aplicada em um país caracterizado pela ganância e pela corrupção, considero que não é uma metodologia adequada.

O que seria uma boa educação financeira? Certamente, uma educação pautada em questionamentos filosóficos e em ferramentas de outras disciplinas que permita equipar as crianças com a capacidade de ponderar. Quero que meus filhos aprendam, desde cedo, a fazer boas escolhas.

Se encontrarem duas marcas de iogurte no supermercado, com preços diferentes, quero que saibam decidir qual é a melhor. Um deles custa R$ 2 e o outro, R$ 2,50, mas qual a diferença entre os dois? Vale a pena pagar R$ 0,50 a mais por um que tem mais fruta ou maior valor nutricional? Algum deles é produzido em uma região próxima a nossa residência? Ambos contêm alimento ou um deles é apenas "alimento à base de iogurte", a grande tendência da indústria alimentícia para enganar os consumidores e aumentar seus lucros?

É essencial ensinar que há diferenças significativas entre dois produtos semelhantes, envolvendo os produtos em si, as formas de produzi-los, a qualidade ao aproveitá-los, os resíduos gerados na produção e no descarte de embalagens, o impacto de cada produto em nossa saúde. Foi-se o tempo em que o foco da educação era passar em provas de avaliação de capacidades. O aprendizado, se não for pragmático e útil, não tem valor em tempos de grandes transformações da sociedade.

Nossos filhos precisam saber que, se receberem $ 5 para um passeio no parque, terão várias opções de lanchinho. O que é melhor comprar com esse dinheiro: uma maçã, dois chocolates ou 20 balas? As 20 balas serão sempre mais interessantes? Ou é importante alterná-las com a nutrição da maçã e a energia do chocolate? Isto é, se não for "alimento sabor chocolate", obviamente.

Duas pessoas trabalham oito horas por dia, mas uma delas ganha 50 vezes mais do que a outra. Uma criança que aprende a refletir sobre valores entenderá que esse abismo se deve a diferenciais como conhecimento, experiência, exclusividade, preparo para oportunidades. Isso é educação financeira! Saber fazer escolhas inteligentes e que produzam efeitos positivos por mais tempo, com base filosófica, entendimento sobre pessoas e autoconhecimento.

Não é em casas-conceito ou em planos de governo aguardando leis que os regulem que eu quero ver essa riqueza essencial sendo praticada, mas sim nas escolas e nos veículos de comunicação de massa, como o YouTube e as demais redes sociais. Estudos do Banco Mundial que foram utilizados para embasar a ENEF comprovaram que a educação financeira nas escolas é fortemente transformadora, pois as crianças provocam seus pais a refletirem de maneira mais responsável. Isso ajuda a melhorar a condição financeira da família e também a preparar o terreno para a vida adulta, já mais bem formada e esclarecida, desses jovens envolvidos em um aprendizado de alto valor prático e forte impacto social.

A transformação precisa começar pela base, em todos os sentidos. Pela base da pirâmide social e também pela base do conhecimento. Isso faz com que as mudanças sejam colocadas em prática de forma mais justa e menos desigual.

A ordem dos fatores altera o resultado

Comece seus planos refletindo sobre as coisas de que você pode abrir mão. Não me refiro ao que você pode economizar, mas sim àquilo a que pode renunciar se realmente quiser mudar de vida. Se não está feliz por alguma razão – por exemplo, se falta dinheiro para viajar –, você não deve abrir mão dos seus objetivos. Viajar faz de você uma pessoa mais completa? Então você deve encontrar maneiras de obter os recursos (não apenas dinheiro) para fazer o que lhe traz realização. Deve, sim, abrir mão da assinatura da TV a cabo, ou da renovação trimestral do guarda-roupa, ou da sofisticação de seu carro (ou mesmo do próprio automóvel), ou de uma casa com suítes para todos. Uma vida com mais realizações começa com a eliminação dos entraves para alcançar seus sonhos.

Se você segue uma religião que prega que é preciso destinar 10% de sua renda à Igreja, tem que descobrir uma forma racional de ser íntegro na concretização desse plano. Pode adotar um estilo de vida mais simples para que sobrem recursos para sua contribuição à Igreja. Se você abraçou a ideia de doar parte de sua renda para uma causa voluntária, deve encontrar as condições de viabilizar isso – e não será simplesmente economizando. Não é cortando pequenos gastos que você mudará sua vida, pois o que determina seu sucesso é a organização de seus gastos maiores e mais complexos.

Quando um plano se torna sua prioridade, é muito mais provável que você consiga concretizá-lo. Prioridade é reservar o dinheiro para a realização do seu objetivo antes das demais escolhas e não deixar para investir nele *se sobrar dinheiro* após todas as outras escolhas. Como disse Warren Buffett: "Não poupe o que restou depois de gastar, gaste o que sobrou depois de poupar." Se você quer que seu filho estude em uma boa faculdade, faça um plano para custear essa faculdade e então molde sua vida para que ele se concretize.

Os passos que você deve seguir, portanto, são:
- Eliminar o que não lhe traz resultado (ou melhor, alegria e motivação);
- Simplificar o padrão de vida;
- Priorizar a concretização de seus sonhos;
- Dedicar-se a melhorar seus planos enquanto eles estão sendo construídos;
- Autoavaliar-se para entender se suas prioridades mudaram ou não ao longo do tempo.

Vida perfeita

Experimente mais, idealize menos. As pessoas sofrem desnecessariamente por não ter a vida idealizada pelo marketing e retratada nas novelas, e isso faz com que não deem atenção à riqueza que está a seu alcance. Ao construir seus planos, inspire-se em modelos bem-sucedidos, mas ouça principalmente aquilo que seu coração pede.

Para todos os sonhos que você tem na vida, evite o arriscado caminho de poupar um grande valor durante um prazo longo demais. No lugar de realizar um grande sonho em cinco anos, prefira concretizá-lo em oito ou dez anos e alcançar outros sonhos menos ambiciosos e complexos, mas igualmente relacionados às suas paixões, dentro desse prazo. Tenha sempre em mente o modelo que discutimos no capítulo 5:

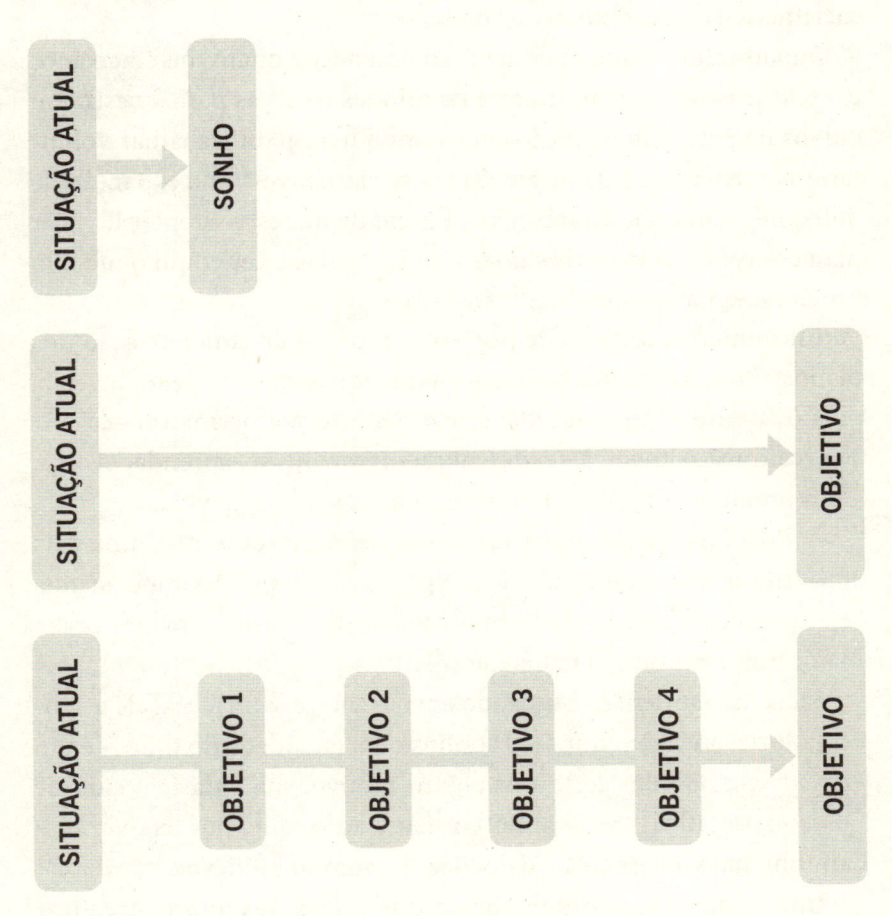

```
[SITUAÇÃO ATUAL] → [SONHO]

[SITUAÇÃO ATUAL] ─────────────────────────→ [OBJETIVO]

[SITUAÇÃO ATUAL] → [OBJETIVO 1] → [OBJETIVO 2] → [OBJETIVO 3] → [OBJETIVO 4] → [OBJETIVO]
```

É muito poderoso o conceito de que você pode realizar objetivos menores de curto e médio prazos que vão nutrir a motivação necessária para seu objetivo de longo prazo. Nutrir é a palavra que melhor descreve esse efeito.

Se eu penso em investir em uma franquia para poder abandonar um emprego no qual estou insatisfeito, mas o investimento inicial é o dobro do que eu consigo poupar, de forma equilibrada, em dois anos, não devo me sacrificar para poupar o dobro de minha capacidade nesse período. Não será nada saudável começar um negócio próprio, que exige esforço e motivação, depois de um período de dois anos de sacrifícios e de baixa motivação.

É mais interessante estender meu prazo para quatro ou cinco anos e, nesse meio-tempo, usar parte de minhas reservas para investir em cursos de gestão de negócios, ter tempo livre para trabalhar voluntariamente na franquia de algum conhecido, investir na expansão de outro negócio e me envolver para garantir que isso aconteça, viajar para conversar com outros donos de franquias e ver como o modelo funciona em diferentes mercados.

Inicialmente, trata-se de postergar o prazo de concretização dos planos. Provavelmente esse envolvimento gerará o efeito inverso, pois o aprendizado pode identificar atalhos que permitam acelerar sua realização. Envolva-se, descubra, maravilhe-se, aprenda, evolua. Com proatividade, você concretizará mais sonhos na vida.

A vida deve ser de construção de grandes projetos, mas uma vida aproveitada, e não uma vida de poupança. Por isso, não importa qual seja o objetivo a alcançar, é interessante planejá-lo para um prazo maior e realizar outros feitos intermediários.

Sacrificar-se demais buscando apenas um projeto – seja ele a aposentadoria, a viagem dos seus sonhos ou a faculdade do filho – é um erro. Se ele não der certo por algum motivo, sua vida terá sido de falsas expectativas, resultando em frustração, que, por sua vez, é o caminho para a depressão, a doença do mundo moderno.

Uma vida bem vivida é aquela que *talvez* permita concretizar um grandioso objetivo de longo prazo, algo realmente encantador e que o transforme. *Talvez*, mas com a certeza de poder celebrar etapas ao longo do caminho. Inteligência financeira é você sacar que o grande barato dos planos está nessa construção, e não exatamente na concretização.

Em casa, eu e a Adri planejamos grandes viagens em família todos os anos. A viagem, em si, é só a cereja do bolo, pois curtimos muito o processo de organizá-la e de nos prepararmos para ela. Enquanto planejávamos o passeio que fizemos para o Reino Unido, discutimos várias possibilidades de roteiro com base em mapas e livros de história (que as crianças estavam estudando na escola). Os adultos viram *Coração Valente*,[29] as crianças assistiram à série completa de *Harry Potter*. Com as crianças, estudamos a cultura viking, a lógica da construção dos castelos, a influência da língua inglesa no mundo, as religiões baseadas em crenças, fadas e elfos. Foram oito meses de viagem que culminaram nas três semanas do roteiro físico, praticando aquilo que a gente aprendeu.

Viajamos de verdade, de uma forma diferente daquele sujeito que trabalha como um condenado durante 11 meses e meio para tirar férias de 15 dias em que as atividades são apenas fotografar e riscar uma lista de pontos turísticos. A pessoa volta para casa com 2 mil fotos no telefone que não serão vistas novamente. Qual a construção, qual o resultado de uma viagem dessas? Faria mais sentido, talvez, comprar óculos de realidade virtual para ver todos os pontos turísticos sem perder tempo e dinheiro. O grande desafio dessa vida mais rica está na construção, não no resultado final. E o resultado final será sempre difícil de prever, pois ele será uma evolução daquilo que seu conhecimento atual permite conceber.

Vida perfeita, portanto, não existe. A evolução do conhecimento nos faz aperfeiçoá-la a todo momento.

Não complique seus planos. Simplifique sua vida. Ou melhor, viva!

---

[29] *Coração Valente* (*Braveheart* no original), filme protagonizado por Mel Gibson, conta a história de William Wallace, o grande herói que conduziu os clãs escoceses na luta pela independência contra os ingleses, nos séculos XI e XII.

Agradecimentos

Esta obra é resultado de muito aprendizado que tive nos meus mais de 20 anos de carreira. Cada livro, cada consultoria, cada conversa, cada questionamento contribuíram para a formulação das ideias que já pratiquei e coloquei em prática nas orientações a meus alunos, por isso devo meus agradecimentos a todos que cruzaram meu caminho nos meus 45 anos de vida. Em particular, agradeço a quem trouxe contribuições diretas para o conteúdo desta obra.

Em primeiro lugar, a meus pais, Tommaso Cerbasi e Elza Cerbasi, que não mediram esforços pela minha educação, uma educação autêntica, e que me ensinaram que o conhecimento não é apenas um dos caminhos. Ele é o único caminho.

A minha família, que, com muito amor e muita conversa, me mostra diariamente, como uma balança de precisão, se estamos no caminho certo ou se precisamos de ajustes. Adriana, você é a bússola em nossa navegação, o equilíbrio da família – obrigado por estar a meu lado nesta montanha-russa! Guilherme, sua tranquilidade me acalma em meio a tantas demandas. Gabrielle, no dia em que sentei para escrever a primeira linha deste livro, o copo d'água que você me trouxe e a massagem que ganhei nos ombros me deram a certeza de que meu anjo da guarda estava comigo. Ana Carolina, sua alegria é como combustível para uma fase intensa da vida. Amo vocês!

A Jéssica Pascarelli, meu braço direito nos negócios. Foi reconfortante ter você no leme da empresa quando precisei de isolamento para escrever. Carlo Pascarelli, meu compadre, obrigado pela paciência nos períodos de pico de trabalho. Sem sua esposa, eu não estaria transformando a vida de tantas pessoas.

A meus amigos, com quem troquei tantas reflexões, tantas conversas, de onde nasceu o projeto da casa inteligente. Sumi por um tempo, mas estou de volta.

A meu treinador, Jorge Rota, por manter este corpo preparado para as batalhas do conhecimento, das viagens, dos eventos e das redes sociais.

A meu acupunturista, Claudio Lisias Favero, por remontar o quebra-cabeça toda segunda-feira de manhã.

A André Fernandes Esteves, parceiro incansável na revisão de conteúdo e na elaboração de estudos e simulações, pelos cálculos e revisões feitas ao longo deste texto.

A meu caseiro, Emerson Luís Lopes, que pacientemente acompanhou toda a reforma e assumiu com maestria a condução e manutenção de uma casa totalmente diferente de tudo que existe nas redondezas.

Ao engenheiro Alberto Nairo, da Plug Solar Energia, pelo zelo na condução do projeto e das instalações de energia da casa e pelo esforço em educar antes e depois de vender seus serviços.

A meu amigo Guilherme Castagna, da Fluxus Design Ecológico, pelo projeto de tratamento do esgoto e do sistema de reuso e aproveitamento de água, por seus valores pessoais, pela contribuição para uma sociedade melhor e pelos ensinamentos valiosos que tive.

À Editora Sextante, pelo apoio incondicional ao projeto deste livro. Marcos Pereira e Tomás Pereira, os almoços com vista para o Pão de Açúcar foram inspiradores para dar um norte a este texto. Virginie Leite, sua revisão atenta é um alento para os leitores. Mariana de Souza Lima, seu trabalho começa com o fim da escrita do texto, mas é inegável: você, Jéssica Pascarelli e Ana Carolina da Motta Perin formavam um belo trio.

A Ana Carolina da Motta Perin, minha agente até a assinatura do contrato deste livro, hoje dedicada a projetos mais ambiciosos na carreira. Fez um belo trabalho ao defender meus direitos autorais por tantos anos!

A meus parceiros da Egratitude, por ajudarem a levar meu conhecimento a um número incrível de seguidores em todo o mundo.

A Rodrigo T. Gonzalez, Guilherme Castagna, André F. Esteves, Jéssica Pascarelli e minha Adri, pelos comentários sobre os manuscritos originais.

E a meus seguidores nas redes sociais. Sem suas dúvidas, críticas e comentários, eu não estaria aprendendo.

Gustavo Cerbasi, Verão de 2019.

SOBRE O AUTOR

Para saber mais sobre Gustavo Cerbasi e sobre o curso Inteligência Financeira, acesse: www.gustavocerbasi.com.br.

Curta e deixe seus comentários nas redes sociais:
- Instagram: @gustavocerbasi
- YouTube: Gustavo Cerbasi
- Facebook: GustavoCerbasiOficial
- Twitter: @gcerbasi

CONHEÇA O JOGO RENDA PASSIVA

O jogo de tabuleiro Renda Passiva foi concebido com base nos livros e na filosofia de Gustavo Cerbasi, de forma a simular as decisões da vida adulta e educar para boas escolhas financeiras sem depender da sorte dos dados ou das cartas. Vence quem alcança a independência financeira ao adotar as melhores estratégias para administrar as dívidas e ao investir em negócios, renda fixa, imóveis e ações. O jogo é adequado para jovens e adultos.

Mais informações em http://www.jogorendapassiva.com.br

CONHEÇA OS LIVROS DE GUSTAVO CERBASI

Mais tempo, mais dinheiro

Casais inteligentes enriquecem juntos

Adeus, aposentadoria

Pais inteligentes enriquecem seus filhos

Dinheiro: Os segredos de quem tem

Como organizar sua vida financeira

Investimentos inteligentes

Empreendedores inteligentes enriquecem mais

Os segredos dos casais inteligentes

A riqueza da vida simples

Dez bons conselhos de meu pai

Cartas a um jovem investidor

Para saber mais sobre os títulos e autores da Editora Sextante,
visite o nosso site e siga as nossas redes sociais.
Além de informações sobre os próximos lançamentos,
você terá acesso a conteúdos exclusivos
e poderá participar de promoções e sorteios.

sextante.com.br